SAILING
ON
THE
EARTH

一 个
中国记者的
拉 美
毒品调查

刘骁骞◎著

陆上行舟

人民出版社

前　　言

　　我第一次到巴西是 2007 年，那是由于参加了大学为期一年的交换生项目。再回巴西则是因为驻外记者的工作，从 2011 年一直到 2019 年 3 月，前后加起来，我在巴西生活了将近 9 年。

　　报道一个地域辽阔的国家并非一件轻松的事，不但要在路途上花费大量的精力和耐心，更关键的是，在这样的地方，个人的遭遇，无论是喜悦还是悲伤，都会被轻而易举地稀释掉。

　　我的任务就是竭尽全力地捕捉它，并以影像的形式记录下来。因为正是这些人和他们的故事勾勒出这个国度的形状和褶皱，同时也悄无声息地暗示了我与这个国家的关系。我讲述的巴西即是我经历的巴西。

　　毒品调查是我驻外报道中一条很重要的线索。这些年，我走访了亚马孙雨林深处的缉毒重镇，跟随警察在西南腹地拦截运毒的车辆，暗访乌拉圭与巴西边境的走私枪支黑市，采访里约热内卢的贫民窟贩毒集团，曝光拉美"银三角"的可卡因制作工序……

　　即使是现在，我也很难清楚地解释我对这个话题热衷的原因。我想在这里坦白的是，在每一趟旅途中，我都濒临体能和心理的极限，穷尽所有的智慧。让我诧异的是，经验的累积似乎并没有缓解这种状况。每一个调查报道都犹如亚马孙河系大大小小的支流，地貌迥然，有各自的风光和险阻。我既希望旅途尽快结束，又期盼旅途尽早开始。

很多采访到现在已经过去多年，这本书让我有机会重返至记忆的最深处，和那些在旅途中出现的人重新相遇。我也借助这种近似魔法的特权，再一次凝视他们，也审视自己。我的理解和感受因此变得更加深刻和立体，这是一个颇为意外的收获。

然而，如果我只是单纯地记述所见所闻，这本书就不会花费比我预期的还要长的时间。在搭建感性经验库的基础上，我继续探寻造成巴西当前治安现状的根源。我发现，从新大陆的殖民史、奴隶制，再到军人独裁时期以及后来历届巴西政府的举措，都无法摆脱它们盘根错节的责任。我希望读者能从书中窥见这张因果交映的网，它有地域特征，更具有普遍性，而这种梳理对我而言也是一种启发。

作为一名记者，我愿意走进新闻的不同切面，不以传统的标杆定义受访者的身份，这也意味着我时常需要主动地将自己置身于危险的境地中。总有人问我，你害怕吗？是否恐惧？我想借用法国人类学家列维-斯特劳斯的一句话来回答："由于缺乏想象力，所以我被保护得很好。"

巴西是一个让我深爱着的国家，巴西人强烈的生命力和他们对快乐的执着和敏感让我无比欣羡。我在那里度过了人生中最美好的时光，我得到的关怀和护佑远远多于严肃的思考。也正因为如此，我才更加有勇气直视这个美丽的国家的另一面。

我从未想过要和巴西告别，期待有一天能重回巴西。

太

平

洋

太

哥伦比亚

波哥大

安

基多

厄瓜多尔

科隆群岛
《加拉帕戈斯群岛）

秘

第

利马

鲁

斯

山

脉

智

阿

利

圣地亚哥

布宜诺斯艾利斯

根

亚马孙河

亚

那

苏里南

法属圭亚那

卡宴

马拉若岛

亚马孙平原

巴

西

巴西高原

巴西利亚

玻利维亚

苏克雷

巴

拉

圭

亚松森

乌拉圭

蒙得维的亚

圣保罗

里约热内卢

西

CONTENTS

目　录

第①章

这里是里约 736 个贫民窟中的一个，
和人们印象中盘踞在半山腰的贫民窟形象不同，
这个贫民窟建在一块非常宽敞的平地上。
半个多世纪以前，这里曾经是一大片橘园，
为整个里约热内卢州提供新鲜的橘子。

*   *   *

第②章

塔巴廷加位于巴西、哥伦比亚、
秘鲁三国交界处，
由于独特的地理位置，
它是全巴西最主要的毒品走私入口，
每年从这里流入巴西境内的可卡因以吨为单位。

*   *   *

第③章

警员们把一包包大麻整齐地叠放在
检查站的窗台上，还用细长包装的大麻
在地上摆出了联邦公路警察的葡萄牙语缩写。
过往的车辆都放慢了速度，乘客们摇下车窗，
露出惊讶的表情。

*   *   *

第④章

巴西境内流动的枪支数量约为 1600 万支，
其中约 760 万支是非法走私枪支，
为犯罪分子所拥有。

*   *   *

第⑤章

整整一个世纪后，贫民窟在城市中扮演的角色不但没有改变，
戏份反而更重。根据巴西地理统计研究院的数据，
里约的贫民窟居民数量为 139 万，占总人口的 22%，
相当于平均每五个里约人中就有一个人住在贫民窟。

* * *

第⑥章

班古区一直以来都有里约"火炉"之称，
虽然日头还未升至最高点，但路边的气温牌显示已经接近
40 摄氏度。这意味着亚历克斯的尸体正在加速腐化中，
如果没有尽快采取行动，我们很有可能错过他的葬礼。

* * *

第⑦章

一走进客厅，就看见好多人围坐在一起收看奥运比赛直播，
一个中年女子和我打招呼，她是拉菲艾拉的姑姑索尼娅，
一头长度到下巴的卷发染成了金色，
但靠近头皮的部分是新长出来的黑发。
"都说巴西没有种族歧视，这都是谎言，
如果生活在贫民窟里，就更严重了。"她耸耸肩，
说贫民窟里整天都可以听见枪声，无论是白天，还是晚上。

* * *

第⑧章

"烟口"，在贫民窟的黑话中，
它专门指贩毒集团的毒品零售窝点。

第①章

1

　　这里是里约 736 个贫民窟中的一个，和人们印象中盘踞在半山腰的贫民窟形象不同，这个贫民窟建在一块非常宽敞的平地上。半个多世纪以前，这里曾经是一大片橘园，为整个里约热内卢州提供新鲜的橘子。

　　清晨时分，我们从科帕卡巴纳海滩出发。南半球的 2 月正值炎夏，但此刻的里约热内卢还没有完全苏醒，整座城市依然沉浸在狂欢后的宿醉中。海面上雾气弥漫，像一块透明材质的白色纱帘，沿着四公里长的沙滩悬挂起来。然而日出的到来让景观发生了变化，海面上逐渐出现山峦重叠的剪影，或浅或深，在淡橙色的天空中划出一条条连绵的曲线。在建筑大师奥斯卡·尼迈耶眼中，这些曲线属于海滩上慵懒地享受日光浴的巴西女孩，而他毫不吝啬地将这种身体的线条融入到建筑中。从行政大楼、艺术馆到教堂、私人住宅，这条曲线贯穿了尼迈耶的设计作品，也成为现代主义建筑的一个巴西符号。在位于科帕卡巴纳海滩，外观同样呈曲线的顶层公寓里，年迈的尼迈耶写道："我不喜欢直角，也不喜欢带有人工痕迹的直线，太僵硬死板，真正吸引我的是自由而性感的曲线。"

　　然而我们的目的地远远没有这么浪漫，更遗憾的是，它是一个由直角和直线组成的世界。在行驶了一个多小时后，南区的湖光山色以及市中心的殖民老建筑都已经从后视镜上消失。我们沿着巴

当 16 世纪葡萄牙探险家抵达里约热内卢的瓜纳巴拉湾时，就被这里逶迤的海岸线所吸引

西大道一路向西开去，这条和热播电视剧同名的公路长 58.5 公里，是全巴西最长的市内公路，然而它的特殊之处并不仅仅于此。巴西大道的两侧聚集着里约最危险的区域，如果可以给每天穿梭在巴西大道上的 30 多万车辆过一遍 X 光机的话，你一定会大吃一惊。当然，没有人会冒失地去检查过往的车辆，特别是那些装着茶色玻璃，车窗紧闭的小轿车，即使是警察也不敢随便拦下。

但我们并没有在这里停留，当一座青绿色的山丘出现在视野中时，车缓缓地开下了巴西大道。没多久，我们就已经置身于一个普通的城郊社区中。这里的房屋大多都是平房，有的人沿着房顶搭了一圈一米多高的砖墙，再装上几根柱子，把带有凹槽的铁皮一铺，就建成了一个带有阳台的二层楼，既省钱又不需要技术含量，似乎一个周末就可以完工。街道两侧的墙壁上时不时可以看见破旧的竞选海报，那是 2012 年全国地区选举时贴上去的，成功连任的年轻市长自信地微笑着。虽然临近正午，但四周显得格外安静，仿佛和那个抬头可见耶稣像的城市有着不同的时区。几个踩着人字拖的男子在街角聊天，其中一个坐在一张白色的靠背塑料椅上，站在他身边的人套着一件旧的弗拉门戈队球衣。司机快摁了两下车喇叭，那几个男子愉快地向我们招了招手。

这里是里约 736 个贫民窟中的一个，和人们印象中盘踞在半山腰的贫民窟形象不同，这个贫民窟建在一块非常宽敞的平地上。半个多世纪以前，这里曾经是一大片橘园，为整个里约热内卢州提供新鲜的橘子。1961 年，美国总统肯尼迪为了遏制古巴革命思想在拉美地区的传播，发起了名为"争取进步联盟"的运动，为拉美各国提供资金和技术援助。当时的里约政府抓住这个机会，兴建了若干个社区，用来安置被拆迁的贫民窟居民，而这里就是新社区中的一个。

这段历史也为我解开了心中的一个疑问，因为和之前拜访过的贫民窟相比，这里的社区布局似乎经过了规划，几条主干道非常宽敞，而居民住房之间的街道又相对狭窄，这完全符合 20 世纪 60 年代国际上的建筑模板：既有空间满足日益繁荣的经济发展，又不失邻里间互相来往的亲密氛围。然而美好的愿景并没能经受住现实的考验，如今这里已经成为里约最危险的贫民窟之一，完全受贩毒集团控制。在接下来的几天里，每当穿行于此，我都不由自主地感到一丝讽刺，事实证明，当年先进的布局规划不仅有助于经济发展，更是为贩毒生意提供了绝佳的活动场所。

车拐入了一条较窄的小道，虽然已经很难辨别东西南北，但我却能感觉自己正逐渐靠近贫民窟的中心。地面上开始出现做工粗糙的水泥减速带，有的路口还用体积较大的石块和缠满铁刺的木条拦住，这些都是毒贩制作的路障，用来拖延警方的突击行动。我的巴西摄像师阿力刚准备举起摄像机，就立刻被司机，同时也是我们的线人制止住，"因为如果播出了，警察就会知道哪里有路障，这样就会方便他们制定突袭的路线。"我提议只拍摄路障的特写，这样就无法辨认出具体的位置，但线人没有答应。

我并没有坚持，心想待会儿找机会再拍。其实，几道路障远远达不到我们的沸点。在过去几年里，我和阿力拍过真枪实弹的缉毒行动，拍过成吨的大麻，还在边境黑市偷拍过买枪。但即使如此，我们还是不会让自己错过任何带有信息含量的画面。毕竟在后期剪辑时，永远都有少那么一帧画面的遗憾，而从没有听说过多那么一帧画面的烦恼。但是线人的态度让我有些不安，虽然之前说好进了贫民窟后一切听从他的指示，但如果他过于谨慎，将会严重地影响拍摄效果，更何况，我无法百分百地确定他是否能提供我想要的东西。

我是在 2012 年 10 月认识这位线人的，那时候他通过我们共同的朋友得知我是一名中国的驻外记者，对社会治安的题材非常感兴趣，好像也看过我做的禁毒报道，于是给我发了一封邮件。邮件内容非常简短，他简单地介绍了自己，说能够提供一些独家照片，希望有机会能够合作。我点开附件，那是一张彩色照片，照片上两个深色皮肤的男子骑着一辆摩托车，后座上的男子扛着一把长的狙击枪。由于照片是从他们身后拍摄的，所以看不见持枪者的脸。毫无疑问，照片上的人是贫民窟里的毒贩。我当晚回了信，向他说明因为就职于电视媒体，可能无法使用照片，但非常感谢他的来信。

邮件里的解释并不假，但除此之外还有一个更主要的原因：我和他并不相识，我无法信任他。巴西是一个治安情况极其复杂严峻的国家，如果掉以轻心，我有可能为此遭到绑架或者面临更加可怕的下场。然而另一方面，招募线人一直是我的兴趣所在，而且我觉得线人是需要被发展和培养的，和他们取得联系不过是一个开始，更重要的是你需要充分地了解他，知道他能做到什么，然后启发他开展更深的或者全新的领域。当然这是一个漫长的过程，而且线人有可能临时退缩，或者没有能力控制局面的发展，这种后果自然只能由记者自己来承担。

在经过了一年多的接触后，我向这位线人表达了想要采访贩毒集团的想法。从 2012 年开始，每一年我都会制作一期关于毒品枪支问题的专题节目，我和摄像搭档阿力沿着毒品枪支在巴西的足迹，试图拼凑出完整的贩毒链条，而打入毒贩内部必然是最重要的

贫民窟的墙上画有 2014 年巴西世界杯涂鸦

一个环节。从另外一个角度来看，2014 年是巴西世界杯年，选择这样的角度和深度，似乎时机已经成熟。

贫民窟为可卡因销售提供了场所

车缓缓地停在了一户人家门口，巨大的铁门看似紧闭，却时不时有人进出，而在另一个方向，一个看上去年纪约为十五六岁的小伙子正向我们走来，他打着赤膊，肩上背着一把步枪。枪很长，而他的身形却非常单薄，看上去比例有些奇怪。枪带上沾满了尘土，或许是常被搁置在地上的缘故。线人让我们先待在车上，他先下了车，径直推开铁门走了进去。这时候背着枪的小伙儿已经来到车旁，好奇地打量着我。我摇下车窗，和他打了声招呼，但他却不理我，口中念念有词地走了。而这时，另一个看上去年纪小一点的男孩牵着一匹很瘦的马走了过来，问我愿不愿意买马。后来我才知道他们当时都吸食了可卡因，正处于身魂两分的状态。看见我没有回应，他指着我问坐在副驾驶座上的阿力，"他从哪里来？"阿力笑着回答："他是中国人。"

街对面的墙壁上画着一幅两米高的人像，是一个四十岁左右的中年男子，平头，两道粗眉毛下是一对小眼睛，在他胸前的位置写着一行花体字："我们想念你"。后来问了才知道，他是里约历史上最凶残，同时也是资历最深的毒贩之一，生前居住在这个贫民窟的他长期掌控着里约三大贩毒集团之一，在维基百科上有属于自己的条目。2012 年，他的尸体在一辆轿车内被发现，外界怀疑是警方所为，但至今没有定论。然而我眼前的这幅画像却非常粗糙，仿佛是能在少年宫美术墙上看见的学生习作，很难让人联想到主人公的真实背景。画上，这位曾经让警察动用到直升飞机进行追捕的毒贩似乎更像是一位不谙世事的邻家大叔。

由于车内的温度越来越高，线人让我们下车，等待在墙角的阴影中，这时我才发现画像上有很多一元硬币大小的洞，站在我身旁的一个人说那是精英部队在突击行动时留下的，"他们远远地朝这堵墙扫射。"

但我对他的话半信半疑，因为这些洞看起来非常圆整，并不像是枪击一类的外力所致。

渐渐地，越来越多的人聚在我们身边，他们都是当地居民，穿着随意，刚看见我时都惊讶地瞪大了眼睛，但没过一会儿就开始激动地唤我 Jackie Chan。后来当我剪辑那几天拍摄的素材时，时常可以在嘈杂的背景声中听见有人喊 "Jackie Chan，Jackie Chan"，让我哭笑不得。一个脚上有点残疾的人对我说他是一个歌手，自己写词写曲，我颇有兴趣地请他唱两句。可惜他并不是我想象中古摩

贫民窟的可卡因加工窝点

尔的吟游歌者，旋律非常单调，歌词是关于他的生活，但总共只有三句，一遍遍重复着。线人特意向我介绍了一个身材结实的年轻女孩，戏称她是老大，待会儿会给我们开门，女孩笑着向我晃了晃手中的钥匙后就走开了。

根据计划，今天我们要拍摄可卡因加工窝点。之前我只在年代久远的纪录片中见过窝点的画面：昏暗的房间中两个蒙着脸的毒贩正在将一小碟可卡因分装进细长的包装中。但这几乎已经是所有的内容，无法窥探到当下的环境和气氛，仿佛是根据常人对毒品加工程序的想象而搭造出来的拍摄场景，真假难辨。能够有机会身处现场，我既兴奋又焦虑，因为线人只给了我们半小时的拍摄时间。我担心短短30分钟可能不够，因为与文字报道相比，电视报道是比较复杂和耗时的，除了保证拍摄的画面和声音不出差错外，还需要有实打实的现场采访和出彩的记者出镜，每一环都紧紧相扣，并且很难在过后进行修改或者补充。

如果将记者的工作时间平均切成十份的话，你会发现真正处于采访状态的时间只占了两份，而其他八份都用来联络、准备以及漫长的等待。几个小时过去了，我们还没有拿出过摄像机，而原本聊着天的一群人已经来去了好几拨，有的则耷拉着脑袋坐在路沿上。一整个下午，我都和大家闲聊着和毒品毫不相关的日常生活，他们似乎已经习惯了我的存在，而这正是我希望的。黄昏将近，人们的影子被逐渐拉长，街道开始热闹起来，小孩们骑着自行车转圈，有人在放风筝，几辆摩托车呼啸而过，车上的人背着枪，"这正是当年那张照片里的情景。"我心里想。

在贫民窟里，枪的出现往往暗示着主角即将登场。路灯亮起后没多久，拿着钥匙的女孩又出现了，她招呼着大家朝巷子里走去，线人依然让我们等在原地。不知从什么时候开始，对面的路

贫民窟的可卡因加工窝点

口坐着一个背着枪的小伙儿，除他以外，还有几个腰间插着手枪的青年在不远处的空地上慢悠悠地踱着步。在场的每个人都带着一部对讲机，时不时传出模糊的人声，沙沙的电流声像是夏夜里的昆虫的鸣叫。突然间，一辆黑色的小轿车快速地停靠在路口，车上下来了一个背着书包的人，昏暗的光线中我看不清他的脸。车离开后几分钟，线人仿佛接收到了无声的信息一般，终于说："我们走吧。"

§ § §

进入可卡因加工窝点的那一刻，我们仿佛走到另外一个世界中。异样的感觉首先来自于感官，空气中粉末飞扬，掺杂着一屋子人的气味和声音，而几盏高瓦数的电灯泡将它转化为一股氤氲的热气。我的眼睛像是被人拿手电筒照过似的，突然有点看不清，等过了几秒完全适应了以后，屋内的真实环境才逐渐显露出来。这里原本应该是一户人家的车库，因为两扇铁门打开后能够容纳一辆车开入。为了遮挡住铁门上的缝隙，房主人罩上了几块青瓷花图案的篷布。墙壁用水泥随意地糊上，没有贴瓷砖，有的地方因为二楼长期漏水长出一片苔藓。其中一面墙在顶端留出了半米高的通风口，巷子里昏黄色的路灯微微地亮着。

屋内有两张铺着旧报纸的长方形木桌，其中一张桌子上放着三大包塑料袋，其中两袋还系着口，另外一袋已经被解开，里面有两

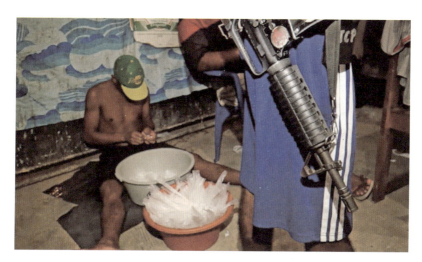

全副武装的毒贩把守着可卡因加工窝点

个装满白色粉末的中号保鲜袋，袋上用圆珠笔标注着一列数字，但似乎和重量无关，每一个窝点都有一个负责人，在贩毒集团内被称作"经理"，其实就是工头的角色。当晚的"经理"是一个三十来岁的男子，打着赤膊，戴着一顶黑色的鸭舌帽，看起来非常精神，一把左轮手枪放在他身边。"经理"打开保鲜袋，利索地把可卡因倒在几盘碟子上，分给了坐在桌旁的人，拿到碟子的人用一根细细的铁勺将可卡因一勺一勺地舀进细长的塑料包里。铁勺约有十厘米长，勺头只有小拇指指甲的大小，勺子的中段还用透明胶布裹了厚厚的一圈，应该是为了手感更舒适便于操作。

　　能被分配到这个工种的都是贩毒集团中最有经验，也最值得信赖的人，他们不仅需要在没有称重的情况下保证每袋的重量一致，而且速度不能慢，因为这决定着整个窝点的效率。"每一小包都是两克粉，不多也不少，这可是长期练出来的。""经理"非常

赶工中的可卡因加工窝点

骄傲地说，他特意放慢速度，让我看清整套动作：他的左手捏起一条塑料包，并顺势将塑料包的开头撑开，右手舀起一勺可卡因后，往口里一送，并借力将塑料包撇到桌中间，发出"咻"的一声。这种细长状的塑料包被称作 sacolé，在葡萄牙语里和冰棒同一个意思，是里约最传统的可卡因包装，宽度不超过两厘米，而长度却将近十厘米，这样便于打结。从 2012 年开始，里约和圣保罗的许多贫民窟已经出现使用圆锥状塑料胶囊包装的可卡因，这种透明的胶囊带有刻度，以 0.5 毫升为单位，总容量为 1.5 毫升。然而在我们身处的这个贫民窟，升级版的可卡因包装显然还没有流行起来。负责分包的几个人效率很高，每包几乎只耗时一秒，一时间桌面上方穿梭着许多透明的塑料包，像是武侠小说里高手过招时飞舞的雪白衣袖。

等装有可卡因的塑料包累积到一定量后，就会被转移到下一个环节。

　　负责封口的人围坐成一圈，每个人怀中都抱着一个盛有塑料包的脸盆，他们需要把可卡因捋到袋子的底端，然后排出袋中的空气，再打上两道活结，投掷到公用的脸盆中。如果出现可卡因重量明显少于两克的包装，也需要专门挑拣出来。如果打出了非常漂亮的结，有的人还会拿在手里自己欣赏一番。他们一边干活一边聊天，让我想起小时候回海边老家过清明节时，乡亲们聚在天井里撬牡蛎壳的情景。并不是所有人都喜欢抱团干活，有的人沿着墙壁坐成一排，或者自己找了个角落，不和其他人聊天。由于打结的难度最小，所以各种人都可以加入，包括女性和未成年人。一个看上去 10 岁左右的女孩扎着满头小辫，穿着一件卡通图案黄背心，操作非常娴熟，看来并不是一个新手。坐在她身旁的似乎是她的姐姐，头发理得很短，左手臂上有一个文身。一个黑

可卡因

人男孩坐在她们对面的地板上，他脱下上衣罩在头上，不让我看见他的脸。

我在桌子上发现一沓厚厚的粘贴纸，那是毒贩设计的标签，上面印有可卡因的价格、贩毒集团的名称、贫民窟的名称、贫民窟首领的标志。和所有巴西人一样，毒贩也喜欢公开自己在球队上的喜好，所以还印上了弗拉门戈球队的徽章。标签上最显眼的位置则留给了一位桑巴女郎，她的身旁用彩色的字母印着："狂欢节"。在标签的底部竟然还有一行字："如有质量问题，请到购买处申诉。"

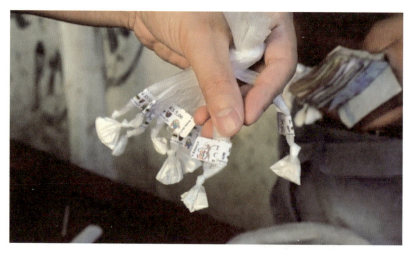

花哨的可卡因商标

这张标签给我留下了极其深刻的印象，虽然制作粗糙，但却比市面上许多正规商品的标签透露出更多有趣的信息。标签上公然印着贫民窟的名称，如同干了坏事还特意留下家庭住址一样，完全是对警方的挑衅和蔑视。事实上，他们将毒品生意看成一个再平凡不过的行业，而且存在竞争市场，所以像奢侈品广告一样，他们也会按季推出不同的标签。每逢母亲节，他们会印上一位慈祥母亲的画像，画像原型据说来自其中一名毒贩的母亲。而在巴西世界杯期间，他们就印上了世界杯会徽和吉祥物，甚至在世界杯开幕前一个多月，里约警方就已经截获了包装上印有大力神杯和犰狳图案的毒品。我很难设想自己如果是一个毒品消费者，在看见这么一张标签时会有怎样的心情，但如果与毫无标签的可卡因相比，花哨但带有生活气息的包装或许会让消费者少了一点罪恶感。

由分包、封口、贴标这三步组成的流水线会持续整整一夜，为了保持清醒，贩毒集团允许干活的人吸食可卡因，但酒精饮料是完全禁止的。"喝酒会坏事，我们必须在天亮前干完活。"在场的一个人对我说。但如果吸食了过量的可卡因，其实也会招来不少麻烦，因为会出现亢奋和易怒的情绪，引发无谓的争吵，甚至导致流血冲突。

我看"经理"心情不错，便问他"白粉"里纯可卡因的比例，没想到他脸上立刻显出一丝恼怒，"我们的可卡因都是纯的，是里约西区质量最好的。"很明显，他并没有说实话。在高纯度的可卡因里"掺水"早已是行业内一个公开的秘密，我之前曾采访过的一个金盆洗手的毒贩，他透露说 1∶3 是标准比例，也就是说 1 公斤纯可卡因至少会被"掺水"到 3 公斤，掺入的杂质主要包括面粉、硝酸盐、大理石粉等，甚至一种严禁使用于人体的驱虫药左旋咪唑近年来也成为毒贩的首选。而所谓的"纯可卡因"在落入贫民窟毒贩手中时很可能已经被掺过水。

　　我回头看了一眼阿力，他正仔细地选取着角度，专注地拍摄着，镜头上方的红灯始终亮着，仿佛一张抛向海面的渔网，紧紧地套住在场的每一个人。在那一瞬间我觉得自己正身处黑帮电影的拍摄现场，一切都那么不真实，然而角落里凌乱堆放着的衣服和几条晾衣绳一下将我拉回了现实。之前出现的那个拿着钥匙的女孩其实是屋主，她将这个场所长期租给毒贩使用，加工的活儿一般都在夜里，所以白天的时候这里就用来晾晒衣服，墙角还摆放着一台洗衣机。通过一番观察，我渐渐明白贩毒集团为什么选择这里作为加工作坊：屋子比较宽敞，二十平方米左右的面积铺展得开来。更重要的是，在屋子的最里侧还有一道小门，通往其他的房间，如果出现紧急撤离的情况，只需过了这道小门，就能在瞬间消失在迷宫般的夜色中。

　　突然间，一个负责分包的男子呵斥住阿力，线人连忙上前一问究竟。原来镜头的存在让这个人非常不安，他不由地想象自己的脸和手中的可卡因同时出现在电视机上的情景，坐在他旁边的人似乎也有同样的感受。线人连忙将他拉到摄像机旁，指着显示屏说，"兄弟，你自己看看，我们只拍到手的部分，怎么可能知道是你呢。"那人半信半疑地看了看屏幕，"小臂上的刺青也不要拍，不然会被认出来的。"他的担忧不无道理，里约的警察的确会根据文身图案来指认毒贩，有一年我跟随军警清剿贫民窟，就看见嫌疑对象的上衣被逐一撩起。我们向他承诺不会让他的身份曝光，他于是缓缓地坐回桌旁，但似乎还是不放心，便把背心脱下来，盖在头上。一旁的男子停下手头的活儿，径直走到屋子的尽头撒了泡尿。

贩毒集团使用的突击步枪

　　或许是觉察到屋内的动静，一个右肩挂着步枪的小伙子走了进来，他穿着一条蓝色的运动裤，个子不高，走起路来却一副非常神气的样子。他发现并没有什么状况，于是沿着房间打量了一圈。那把步枪很旧，应该是由二手配件改装而成的，枪上还贴着好几张早已褪色的圆形贴纸，像是小学生课桌上贴满卡通头像的铁皮铅笔盒。腰上别着的对讲机时不时传出毒犯间充满暗语的对话，我看见对讲机上用涂改液写着贩毒集团的字母简称。

　　阿力对我说，如果一味地避让人脸和刺青，拍出来的画面将是一大堆可卡因的特写，显得非常重复和单调。于是当下我们决定恢复正常的拍摄，后期剪辑时再给敏感的部位打上马赛克，而在后来探访毒品贩卖窝点时，我们也延续了这种拍法。事后证明这个决定是非常正确的，因为马赛克的效果完全不会影响观众对于画面的理解，而且从长远来看，若干年后当贩毒集团从城市中彻底消失时，我们手中的原始素材就是极其珍贵的影像资料。

然而拍摄逐渐困难起来，人们开始躲闪我们的镜头，并且低声抗议着，为了不给之后其他的拍摄带来麻烦，线人已经不断地向我们做出撤离的手势。我请求再给一两分钟的时间拍一个现场出镜，来证明画面是记者实地探访所得，而非由第三方提供。我平常偏爱现场感较强的走动式出镜，但对于我和阿力这个"国际化"拍摄团队来说有一个小小的挑战，那就是我用中文出镜，而他完全不懂中文，所以无法机动地根据我的出镜词进行走位，所以如果没有在拍摄前对出镜的内容和走动轨迹进行沟通，很容易就会拍出"画"不对题的结果。好在我和阿力已经很有默契，我一边佩戴着麦克风一边和阿力商量，现场环境偏暗，如果不开机头灯，镜头上我的脸会太黑；但如果使用机头灯，并调整到合适的亮度，现场的人或许会有更大的意见。最后我和阿力还是决定使用机头灯，但必须争取一遍拍成。

如我们所料，灯光一打开，屋内所有的人瞬间都看向我们，趁他们还没完全反应过来，我就已经说着出镜词，在屋子的中央走动起来。原本还聊着天的一群人突然谁也不作声，个个埋着头听我说话。即使是出镜中的我也能感受到一种异常的安静，这应该是他们一生中第一次或许也是唯一一次听到中文，虽然在场的人当天几乎都和我有过交谈，但他们当下的反应仿佛是听见一个哑巴突然张口说话一般。出镜刚拍完，"经理"就上前质问我到底说了什么，"有没有说我们的坏话？"他一脸郁闷。我如实地将出镜词翻译给他听，担心他会提出异议，好在他并没有觉得不妥。为了保险起见，我和阿力又补拍了一遍出镜，然后收起了摄像机。线人大松了一口气，赶紧拉着我们往外走。我向"经理"道别,感谢他对拍摄的配合和帮助。

　　后来当我检查拍摄素材时,在出镜的背景声中听到三声明显的枪响,不知为何我和阿力当时完全没有注意到。我似乎明白了屋子里的人用各种方式催促我们离开的原因。因为每当毒品加工窝点开工时,贩毒集团的"哨兵"就会蹲守在贫民窟的各个要害位置上,通过对讲机随时向当晚值班的"经理"报备外部的情况。"哨兵"们都配有武器,除了用来反击外来的进攻外,他们还会用枪声传递更紧急或者更私密的信息,因为对讲机的通话频道很容易被敌方窃听。根据每个贩毒集团内部的约定,枪响的次数代表着不同的含义,有可能表示一批数量较大的可卡因正抵达贫民窟,或者是贫民窟的某个位置出现了可疑的情况,需要稍安勿躁。但无论是哪种原因,一定都和贩毒集团内部的秘密有关,不能在外人面前走漏

贩毒集团的"士兵"

贩毒集团的"士兵"

风声，更何况是带着摄像机的电视记者。

　　时间的长短很多时候无法通过分秒来衡量，我感觉自己仿佛在毒品窝点里停留了整整一个晚上，但实际上不过 30 分钟而已。在线人看来，这已经是相当长的时间，足够让我们丧命，因为没有比开工中的毒品加工窝点更容易遭到突袭的地方，每一秒的停留都需要冒着极大的风险。无论是警方还是敌对的帮派，随时都有可能对这里发起进攻，而在一场枪林弹雨中，我们和在场的毒贩没有任何的区别，生还的机会几乎为零。如果警方将我们误杀，并不需要承担任何责任，因为他们对拍摄团队的在场并不知情，而敌对的帮派就更不必要在乎我们的性命。就像是美剧《国土安全》里的一句台词："他们和恐怖分子在一起，就知道将面临什么。"

　　走在贫民窟昏暗的巷子里，我们似乎都轻松了不少，空气中也不再飘扬着刺激性的粉尘，显得非常清凉。线人轻声说道："你们运气真好，难得碰上这么多人干活。"我相信他不是在特意邀功，而是发自内心的感慨。因为在我收集的所有关于贩毒集团的纪录片中，还从来没有见过如此"热闹"的毒品加工窝点的画面。我的初衷只是想记录可卡因是如何被加工包装的，即使现场只有零星的几个毒贩，也已经心满意足。我全然没有料想到，在那间气息混杂的屋子里，如此规模的真实场景像海啸一般将我淹没，而我是如此有幸地将它记录下来，用摄像机的镜头，也用我切身的感受。

车重新开上了巴西大道，虽然已经是夜里十点多，但还是出现了轻微的塞车。看到前方有警察临检，我把存储卡从摄像机中取出，放在胸前的口袋里。随着市区逐渐靠近，窗外又出现了熟悉的风景。深夜的瓜纳巴拉湾显得异常神秘，海面上星星点点的灯火是为过往货轮提供服务的小船。里约并不是毒品的产地，贫民窟里的可卡因究竟从何而来？我感到非常疲倦，于是闭上了眼睛，黑暗中突然出现了一片辽阔的热带雨林。

第②章

塔巴廷加位于巴西、哥伦比亚、秘鲁三国交界处，由于独特的地理位置，它是全巴西最主要的毒品走私入口，每年从这里流入巴西境内的可卡因以吨为单位。

　　飞机引擎巨大的轰鸣声让我出现了轻微的耳鸣，我尝试在狭小的座位上挪动一下长时间不变的姿势，但似乎并没有缓解。机舱内非常闷热，大部分的乘客都昏昏欲睡，我伸出手按了一下头顶的服务呼叫钮，只听见走道上响起"咚"的一声，但即刻就被某个看不见的空间吸收得一丝不剩。我转过头向后看，但没有觉察出任何动静，棉纱材质的座椅头巾扎着我的脸，隐约能闻到前一位旅客留下来的气味。我回过头朝机窗外看，猛烈转动的螺旋桨仿佛是一只努力挣脱中的怪物。

　　此刻我们正飞行在亚马孙雨林的上空，这架法意合资生产的 ATR-42 双螺旋客机从亚马孙州首府马瑙斯起飞后，窗外的风景就再也没有改变过，在接下来的两个小时航程中，各种层次的绿色淹没了所有的视线，一望无垠的雨林让海洋都自惭形秽。一开始，我还会被雨季时形成的迤逦河道所吸引，它们像是细长的湖泊，找寻不到出口。但十几分钟后，我就感到厌倦，拉下了遮光板。

　　那是 2012 年 5 月，我从圣保罗出发，前往北部城市塔巴廷加，报道巴西边境的毒品走私问题。3 月的时候，记者站接到国际新闻部的电话，得知新闻中心正在策划国际禁毒日（6月26日）的特别报道。台里希望驻外记者能够参与其中，他们第一个想到的就是拉美片区，因为包括巴西、哥伦比亚、墨西哥在内的多个拉美国家都是全球性的毒品大国，而且毒品在当地引发了极其严重的社会问题。我对这个选题特别有兴趣，在明亮的会议室里，我把一张拉美地图铺展开来，寻找"银三角"的方位。中国人对毒品"金三角"比较熟悉，从小我们就在课本上读到位于泰国、缅甸和老挝三国边境地区的三角形地带盛产罂粟，是全球最主要的鸦片、海洛因产地。而在地球的另一端，哥伦比亚、秘鲁、玻利维亚和巴西所在的安第斯山和亚马孙河流域因为盛产可卡因和大麻，被称作毒品"银三角"。

可卡因由古柯叶提炼而成，古柯是一种生长于安第斯山脉的植物，外形很像茶花。早在公元前2500年，南美洲原住民就通过咀嚼古柯叶来缓解头痛和胃病，而种植古柯、饮用古柯茶更是当地延续千年的传统。如果你去利马或者拉巴斯旅行，就会发现用古柯叶制作的点心和饮料随处可见，并且都是合法销售。然而这种"绿色的金子"却有着邪恶的一面，将晒干后的古柯叶浸泡在煤油、硫酸等溶液中，就会出现化学反应得到古柯膏，平均每250公斤古柯叶可生产1.5公斤古柯膏，而棕色、微湿的古柯膏经过多道提炼后就得到可卡因。随着提炼技术的发展，纯度越来越高的可卡因逐渐问世。1914年，美国率先将可卡因列为禁药，但并没有阻止它的蔓延。1985年起，可卡因正式成为全球性主要毒品。

深受毒品困扰的巴西其实并不出产可卡因，但不巧的是和几个可卡因大国做了邻居。其中哥伦比亚是全球最大的可卡因产地，根据联合国毒品和犯罪问题办公室的报告，全秘鲁约90%的古柯叶

都被加工成可卡因。秘鲁、玻利维亚在榜单中排名第二和第三。一
连串的数字和排名让我异常兴奋，然而我很快就发现自己迷失在地
图上一个个陌生而且发音复杂的地名中。"我需要得到一个线索。"
我在心里思索着。一直以来，我就对"边境"的意象充满向往，在
我朴素的理解里，边境意味着认知的尽头，而发生在那里的故事也
一定最为复杂和神秘。带着这样的预感，我在漫长的边境线上圈出
了一个叫作塔巴廷加的城市。

　　塔巴廷加位于巴西、哥伦比亚、秘鲁三国交界处，由于独特的
地理位置，它是全巴西最主要的毒品走私入口，每年从这里流入巴
西境内的可卡因以吨为单位。亚马孙州联邦警察 2011 年截获的 3

巴西和哥伦比亚的陆地国界线

塔巴廷加与秘鲁仅有一河之隔

吨高纯度可卡因中，绝大部分都是以塔巴廷加为跳板流入巴西的，而落网的数量与走私总量相比，不过是冰山的一角。如果要选择一个地点调查毒品走私问题，塔巴廷加似乎是最好的选择。

机上广播通知飞机开始下降，渐渐地，浓密的雨林中浮现出一座城市的轮廓，如海市蜃楼一般。我尝试辨认巴西和哥伦比亚的陆地边界线，但毫无头绪。塔巴廷加建于17世纪中叶，葡萄牙殖民者曾在这里长期驻扎了一个兵营和一个交税站。以现代人的眼光来看，塔巴廷加绝对是一座深藏雨林，几乎与世隔绝的城市，然而，在飞机还未问世的几百年里，这里一直被亚马孙居民视为交通便捷的乐土，因为一条水量充沛的大河从城市西边拂面而过。在秘鲁境内，这条河被称作亚马孙河，但进入巴西领土后，就被起名为索利蒙伊斯河，直到它最终和内格罗河汇合后，才又被称作亚马孙河。

一出机舱，雨林特有的湿热空气仿佛一大桶迎面泼来的油漆。航站楼是一栋简陋的二层小楼，外观上很像中国一些乡镇中学的食堂。机场护栏网外聚集着不少当地人，但他们并不是来接机的，而是彼此聊着天，将飞机的起降当作一种风景，这是巴西许多内陆小城居民常有的消遣方式。虽然整架飞机不过三十几个乘客，但一下子就把窄小的行李领取室挤得水泄不通。我和阿力费力地从行李传送带上取下箱子和三脚架，在机场出口处拦了一辆出租车。

司机是一个四十多岁的本地男子，看我们是外地人，非常热情地向我们介绍着沿途的情况。塔巴廷加的常住人口在 5 万人左右，唯一的主干道"友谊大道"从南向北将城市划分为两部分，而大道的终点就是哥伦比亚城市莱蒂西亚。虽然在面积和人口上，莱蒂西亚都比不过塔巴廷加，但它是哥伦比亚亚马孙省的首府，所以受重视程度也比塔巴廷加高得多，最直观的表现就是莱蒂西亚每个路口都有值勤的警察，而一界之隔的塔巴廷加却寥寥无几。

或许是出于好奇，司机小心地打探着我们的身份。"我们是大学的研究员，来这里做学术调查。"阿力脱口而出。这是我们在出发前就已经商量好的说法，既避免打草惊蛇，又能够保护自己，还顺便为我的一张亚洲脸圆场。现在回想，这个"身份"也是从那时候开始伴随着我们的旅程。司机并没有对这个回答表示怀疑，实际上，他似乎放心了许多。在闲聊了很多其他的话题后，我们小心地把谈话转移到真正的兴趣点上，"这里离哥伦比亚这么近，应该很容易弄到'粉'吧?"阿力故作随意地问，没想到司机比我们想象的坦诚得多："这是一座为毒品而生的城市，没有毒品就没有塔巴廷加。"这个结论听起来似乎有点夸张，但他有着自己的解释，"塔巴廷加什么都没有，如果不靠粉挣点钱的话，谁都活不下去。"我们在心中琢磨着司机的话，但都没有作声。到了旅馆放下行李后已经下午三点多，但我们还是决定去城里的派出所一趟。

派出所坐落于友谊大道上，正门很小，一间值班室用玻璃隔开。我向值班的警员说明了自己来历，请他告知所长。为了申请拍摄联邦警察在塔巴廷加的缉毒活动，我耗费了两个多月的时间，先是向联邦警局的巴西利亚总部递交了一大堆书面申请，然后又打了无数个长途电话，期间还被不同的部门各种搪塞，用巴西人的话说，"像一颗球一样被传来传去"。最终，拍摄得到批准，但出行的日期必须往后延迟。"最新采购的设备还在马瑙斯，大约再过半个月就能到位。"联邦警察总部的顾问从巴西利亚给我打来电话。他所说的设备其实指的是缉毒警察在河上巡逻时乘坐的配有德制轻机枪的快艇，这种枪每分钟能发射600—1000发子弹。当时的我对于巴西政府机构的办事效率还不甚了解，同意再等一等，没想到几乎同样的说法每隔两个礼拜就重复一遍。到后来，对方竟然对我说，目前并没有任何的缉毒行动。我非常愤怒，但又不知如何是好，于是直接拨通了塔巴廷加派出所的电话。接电话的人倒是非常耐心，他向我介绍了当前的情况："大型的缉毒行动还在筹备中，但日常的稽查工作每天都在进行。"由于截稿日期逐日迫近，我决定立即启程赴塔巴廷加，将遥遥无期的"大行动"抛在脑后。直到几年后，我才明白联邦警局的摇摆不定其实还有其他的原因。

派出所的墙上贴着亚马孙州的地图和一张陈旧的签证费用表，实际上巴西、哥伦比亚和秘鲁三国早已互免签证，而持有哥伦比亚或者秘鲁签证的外国人也被允许在塔巴廷加停留，只有当旅客从塔巴廷加前往巴西其他城市时，才需要来派出所办理巴西签证。正当我开始怀疑值班警员并没有帮我们转达消息，而是直接下班回家了时，他才终于回到值班室。

"请跟我去所长办公室。"他打开值班室通向内部的门，里面是一个天井，四周有一圈办公室，我们被带进其中一间。所长是一个三十出头的年轻男子，他坐在一张堆满文件的办公桌前，面无表情地看着我们。我努力挤出一丝微笑，坐下来向他简要讲述了事情的经过。他听完后冰冷冷地说："马瑙斯的上级部门已经通知我们了，我刚来这里没多久，对具体的情况不是很了解。"他在内线电话上拨通一个号码，召唤一个人进办公室。我仔细地观察着所长的脸，几个月前他还是戈亚斯州当地法院的一名工作人员，或许是厌烦了烦琐的文案工作，他选择参加联邦警局的招考，虽然经过层层选拔最终入选，但却因为岗位的限制被分配到了条件艰苦的亚马孙腹地。

一个身材魁梧的中年男子走进了办公室，所长向我们介绍他是缉毒分队的队长，隔天早上会在码头组织查毒，我们可以陪同拍摄。不知为何现场的气氛有些尴尬，这个看似经验老到的缉毒队长仿佛还不能接受上级领导比他的资历浅许多的事实，而所长似乎也有所觉察，为此有点闷闷不乐。我们谢过了所长，离开了冷气机轰轰作响的办公室。

缉毒队员们的集体办公室位于天井的另一头，在那里缉毒队长向我们交代了隔天碰头的细节，一个绑着马尾的金发女警员热情地向我们打了招呼，表示愿意开着警车带我们去码头转转，那里停泊着一艘几天前被警察查获的藏有可卡因的船只。虽然已经快五点，但天色并没有暗下来的痕迹。巴西全国一共有四个时区，而塔巴廷加使用的是最晚的时区，比圣保罗晚两个小时，比州首府马瑙斯晚一个小时，但却比一界之隔的哥伦比亚早了一个小时。河面上波光粼粼，但过度膨胀的金色光线被黑色皮卡的挡光玻璃过滤得一干二净。女警员来自圣保罗州内陆，因为岗位轮换来到这个"连一家电影院都没有的地方"。巴西人喜欢用电影院的数量来衡量一座城市的规模："只有一家电影院"说明城市不大，而"连一家电影院都

巴西联邦警察检查从塔巴廷加出发的客轮

没有"则是落后地区的代名词。

　　码头上空荡荡的，只在远处河岸的树丛里才能看见几艘船只的踪影。"就是那艘白色的船，最里面的那艘。"女警员指着树丛的方向说道。我寻找了好一阵子，才勉强辨认出来，那是一艘小型的双层客轮，除了船两侧的挡雨帘严实地拉上外，实在看不出有什么特别之处。在船的甲板里，警察发现了特殊的夹层，里面藏着将近十几公斤的可卡因。但这一切都要归功于一通举报电话，有当地居民匿名提供情报，称船主正在对船体进行改造，疑似是以运毒为目的。警方于是登船检查，果不其然发现了可卡因。但或许是走漏了风声，船主早已逃之夭夭。我们想要上船拍摄藏毒的现场，女警员表示需要隔天请示所长。

§　§　§

　　按照前一天的约定，我们清晨五点半就已经等在派出所的大门外。天还没亮，但是东方的天际微微泛着鱼肚白。在友谊大道昏黄的路灯下，我和阿力一脸困意。凉爽的夜风吹散了雨林的湿热，时不时有摩托车开过。一直到六点过后，旁边的铁门才被推开，缉毒队长探出头，说他们正在检查装备。我们跟着他走进了院子，只见几个警察正慢悠悠地别着枪套，就这样又过了快半个小时我们才终于出发。派出所离码头并不远，但两辆皮卡开得很慢，似乎还特意绕了远路，抵达码头的时候天已经亮了。缉毒分

旅客的行李是巴西联邦警察的重点搜查对象

队此行的任务是要检查一艘将从塔巴廷加开往马瑙斯的客运快艇，客运量在 80 人左右，航程 24 小时，中途不做停靠，是运毒"骡子"的首选。

除了乘务人员外，乘客一律携带着行李等候在站台上。四个缉毒队员们戴上白色的手套，分头对快艇的各个部位进行检查，包括客舱、发动机舱、厨房和卫生间。船上的红色救生衣似乎最有藏毒的嫌疑，他们花了很长的时间一件件地检查，为数不多的快运包裹也被全部打开。缉毒队员连厨房柜子里盛着木薯粉的透明保鲜盒也不放过，甚至还把手伸进装满冰块的泡沫箱里摸了半天，即使是像仪表箱这种细微的角落也被队员们用手电筒照了个遍。

然而可卡因还没找到，稽查队员却先给我们出了难题，他们中的几个人非常不友善，还用手直接挡住镜头。阿力非常困惑，因为所有的拍摄都已经得到批准。队长解释说一年多前派出所的一个同事在执勤时被毒贩杀害，从那以后，大家都变得小心翼翼，生怕在媒体上曝光，给自己带来血光之灾。我在网上搜索到当时的新闻，2010 年 11 月的一个凌晨，三名联邦警察在索利蒙伊斯河下游，马瑙斯以西约 240 公里的河段对一艘船进行临检，不料该船正是外号为"哈维尔"的秘鲁大毒枭用来运送可卡因的船只，为了保护船上 290 公斤的可卡因，毒贩们使用了狙击步枪，两名警察当场身亡，一名身受重伤，生前从属于塔巴廷加的莱昂纳多只有 26 岁。

在高危地区从事缉毒工作，警员们的压力并不难理解。事实上，在码头停留还不超过半个小时，我就已经觉得许多乘客神色可疑。排查完整艘快艇后，警察们又在上船处摆了两张塑料桌，所有的行李都需要过一遍安检，但没有 X 光机，全部靠人工检查。警员们靠的是日常积累的经验以及并不是每天都会光临的好运气，他们不会错过任何惯有的藏毒伎俩，但也不能保证没有漏网之鱼。没过多久，行李也全部过关，满载乘客的快艇准时启航。鸣笛的声响似乎还未在河面上消散，船就已经消失在雨林中。此时的码头已经开始了新一天的喧哗，各式各样的小船正从对岸的秘鲁城市圣塔罗莎横渡至塔巴廷加，木舟上堆满了绿香蕉，至少从表面看是这样的。

如果说几个月前当我坐在圣保罗的办公室，通过一张南美地图就已经能够感受到塔巴廷加地理位置的复杂性，那么身处实地的我仿佛一名外科手术医师，对病人的病情有了更直观的了解。毒贩之所以想方设法把产于秘鲁、哥伦比亚的可卡因走私进巴西,不外乎两个原因:首先,与秘鲁、哥伦比亚相比,巴西的警力极其不足。以这个三国交界的地区为例,莱蒂西亚平均每 88 个居民就配有一个警察,在塔巴廷加,这个比例是 1125∶1,而警力缺乏的情况在巴西亚马孙流域非常普遍。也正是因为如此,毒贩们宁愿舍近求远,选择一千公里之外的马瑙斯作为可卡因的中转站,而不是戒备森严,但距离更近的波哥大或者利马。其次,巴西已经从毒品中转国升级为全球第二大毒品消费国,巴西市面的可卡因总量占全球的 20%,里约和圣保罗就是最主要的可卡因集散地。

如果能给一包来自安第斯山地的可卡因装上一枚卫星定位芯片,我们或许会在电子地图上看见这么一条线路:它从秘鲁边境出发,在经过塔巴廷加后,沿着索利蒙伊斯河在亚马孙雨林里划出一条优美的曲线,直至繁忙的马瑙斯港。从这个举办了四场世界杯比赛的古老城市开始,这条线有可能继续向东延伸,从亚马孙河入海口进入大西洋,最终抵达欧洲。但在大多数情况下,它一路往东南方向前进,最后抵达里约热内卢,并沿着巴西大道停止在某个贫民窟中。这条看不见的线其实透露了可卡因的一个最重要的特征:离产地越远,价格越高。在原产地,每公斤的可卡因价格在 2000 美元左右,而价格随着线的延长不停提高,当可卡因到了里约热内卢,价格就飙升到 5000 美元,而如果最终抵达美国,价格就翻倍至 2.5 万美元,欧洲则是 4 万美元。

在这场接力赛中,连接塔巴廷加和马瑙斯的索利蒙伊斯河是最关键的一段,因为除了安检严格的空运外,这条 1700 公里长的水道是通向外部的唯一途径,当可卡因抵达交通发达的马瑙斯,漫长的征程就相当于成功了一大半。除了由国际贩毒集团组织的，重量达数百公斤的运毒活动外，这一里又一里的水路都是由"蚁工"独自完成的。"蚁工"也就是我们常说的运毒"骡子"，他们随身携带至少一公斤的可卡因，坐船从塔巴廷加前往马瑙斯，以蚂蚁搬家的形式转移毒品。每成功交货一公斤可卡因，就能拿到2000雷亚尔的酬劳，是当地平均月工资的将近三倍。在这个以捕鱼业为主，"连一家电影院都没有"的边境小城，这个数目足以让任何一个心地善良但备受贫困煎熬的人目光闪烁。

我们希望缉毒队长在镜头前回答几个问题，但被婉拒了，"你们还是采访所长吧。"他在码头管理处签了几个字，就招呼着手下们回派出所。临走前，他说隔天下午一艘大客轮将启程马瑙斯，很有可能查出毒品，我们可以陪同拍摄。

回到旅馆时，早餐时间还没有结束。在巴西，廉价旅馆提供的咖啡只有两种情况，一种是甜腻得仿佛打翻了糖罐，另一种是苦涩得好像墙灰泡水。我们手中的咖啡属于前一种，但出师不利的懊恼正笼罩着整张餐桌。在我之前的想象中，缉毒分队将在夜色的掩护下突击码头上整装待发的船只，并识破毒贩的障眼法，搜寻出一包包白粉。这样的剧情并不是我的凭空想象，塔巴廷加几年来的新闻里充斥着这样的报道。然而那是我人生中第一次拍摄警方缉毒，还无法理解如果能现场拍到查获毒品，很大程度上靠的是记者的运气，而这种运气需要在一次次的空手而归中累积而成。

隔天下午，我们早早地赶到码头，一艘带有四层船舱的客轮已经停靠在那里，船身的位置印着船名：耶稣神圣之心。亚马孙流域的船只常常以宗教人物或者葡萄牙王室成员为名，或许这样才能在漫长寂寞的航程中与外界维持着某种精神上的联系。缉毒分队已经在我们之前抵达，似乎比前一天多了些人手，但检查的流程和内容大同小异。船员们搭了一个木梯正往船上搬货，一辆铃木牌的摩托车折腾了他们好一阵子。因为哥伦比亚的税收比巴西低，同一款商品的价格比巴西便宜很多，所以巴西人会特意去莱蒂西亚购物。摩托车是最受欢迎的商品之一。付款后能直接骑回巴西，似乎也没人担心关税的问题。上百箱啤酒也被搬上了船，虽然它们可能远远不够一船人的消耗。然而"耶稣神圣之心"实在太大了，无处不是藏毒的死角，警员们仿佛是在阿塔卡马沙漠中寻找一把被藏起来的钥匙。

一个警员从最下层的发动机舱钻出来，他说舱里的一个角落有大量的积水。"一定有什么问题。"他信誓旦旦地说。缉毒队员们于是找来了一小台水泵，用一条细长的水管将积水排出，我们也满怀期待。然而一个多小时过去了，舱底的水似乎还没有抽完，警员们激动的神情也渐渐化为一丝沮丧。我靠在二层客舱的栏杆边，等待登船的乘客已经在站台上排起了一条长龙。是什么样的人会选择这种四天三夜的丛林旅行呢？我看见年轻的欧美背包客，身穿灰色长袍的修女，行装极其简单的本地人。虽然警方总能总结出"骡子"的一些特征，但实际上，"骡子"可以是任何一张脸。

发动机舱的积水终于被抽干，但并不见毒品的踪影，看来"新闻之神"又一次忽略了我们。但如果就此得出结论，认为塔巴廷加的毒品走私问题正日渐改善，那就大错特错了，三个多月后，执勤的军警在"耶稣神圣之心"上查获了110公斤的毒品，可卡因就藏在乘客的行李箱中。

　　缉毒队长说，这是他们本周最后一次查毒行动，而下周暂无安排。斜晖中，警员们似乎轻松了不少，一群人有说有笑地上了车，消失在尘土飞扬的河岸上。如果说每个人的生活道路中都有一盏看不见的交通指示灯，那么这一刻在我面前不断闪烁着的一定是黄灯。根据我和阿力的分析，除了这两次码头查毒外，派出所所长不会再安排更多的拍摄，而接下来两天又是周末，即使再拜访一次所长，也需要等到下周。眼看原定的回程日期逐渐迫近，我们决定下周一一早再去派出所一趟，但并不抱过多的希望，一旦确认警察对我们关起了大门，我们就会另寻出路，不会无谓地等待。

雨季时巴西与秘鲁的陆地国界处变成河流

周末的塔巴廷加仿佛被催眠了一般，雨林的热风将人们锁在家里，但来往莱蒂西亚的主要关口却是例外，一辆辆摩托车闹哄哄地穿行在国界线上。哥伦比亚有着严格的交通法规，凡是乘坐摩托车都必须使用安全帽，否则就会被罚款，而巴西一边则无人过问。精明的小商贩于是做起了出租安全帽的生意，每小时的租金是一雷亚尔，当摩托车回到巴西境内后，再归还安全帽。一辆带有迷彩图案的巴西警车停在关口边上，但似乎象征意义大过实际用途。在一个不起眼的角落里，我们终于找到了一块国界牌，上面写着"欢迎来到巴西，一个属于所有人的国度"。然而这种纵酒宴乐的欢快语气似乎更属于国境线的另一端，一进入莱蒂西亚，商店和餐厅都突然多了起来，到处都是提供丛林一日游的旅行社，宣传照片上游客兴奋地展示着刚刚钓起的食人鱼。

我们徒步走到莱蒂西亚的码头，远远地看见一名渔夫背着一条比他身体还长的大鱼，白晃晃的鱼腹在阳光下闪着光，这种亚马孙流域特有的巨骨舌鱼通常能长到两米多长，它的尾部极其有力，能够击碎渔民的木舟。河中央有一个小岛，能看见几间餐厅模样的木屋，当地人说这个岛其实属于秘鲁，旱季的时候，干枯的河床连接起陆地和小岛，人们会走到岛上吃大排档。我们在码头上找了一艘快艇，去秘鲁的岸边兜了一圈，河边的树林非常茂密，隐约传来欢快的秘鲁民谣，岸边立着一块国界牌。由于天色渐晚，我们并没有下船登岸，而是掉头往回开。当天晚上，我们在莱蒂西亚吃了便宜又美味的哥伦比亚菜。

周一上午，我们按原计划前往派出所。所长讶异极了，他以为早已把我们打发了，"你们怎么还在塔巴廷加？"和缉毒队长的说法

站在塔巴廷加的港口眺望，对岸就是秘鲁领土

一样，他也表示本周暂无任何缉毒活动。我们提到了河边那艘被查出可卡因的客轮，但被直接拒绝了，理由是案件还处于调查阶段，不适合对外公开。在各种碰壁之后，我们最后请求对他做一个简单的采访，这样至少能让拍摄素材稍微丰富一些，对此他倒是爽快地答应了。出于画面上的考虑，我们希望能在所长身后的位置摆放一些缉毒分队近期查获的可卡因，但他并不同意，"我看不出这些毒品和我的形象有什么联系。"一个派驻缉毒重镇的联邦警局负责人说出这么一句话，着实让人难以理解。

采访草草地结束了，所长对于当地情况的掌握程度似乎并不比我们高多少。或许是因为有些愧疚，他终于让手下搬来了几件落网的毒品。第一件是一袋十几公斤重的可卡因，它用最经典的方式包装，每小包一公斤重，像是一块白色的砖块。包装袋的颜色因卖家

巴西国界线上的欢迎标识

而异，警方经常会在一个"骡子"身上查获出几种不同颜色的可卡因包装，这说明他正同时为好几家贩毒集团运毒。第二件塑料袋里装满了红色胶囊球，直径为半截大拇指的长度，每颗胶囊的重量在 13 克左右。我一眼看出这种包装是为了让"骡子"吞食在胃中，用身体运毒。经历过鸦片战争的中国早在小学课堂上就开始了禁毒教育，中国人从小就对毒品的危害以及各种藏毒方式耳熟能详。阿力却对此感到非常新奇，他捧着塑料袋仔细琢磨着。坐在一旁的所长说，这包 970 克的胶囊是从一个当地男子的胃中取出的，这位"骡子"当时正要去机场，但胃中的一颗胶囊突然破裂，大剂量的可卡因瞬间进入血液中，这个贫困潦倒且噩运缠身的父亲随即晕倒在友谊大道上，被发现时已经失去知觉。这种残忍的运毒手段

巴西联邦警察在塔巴廷加截获的部分毒品

在塔巴廷加似乎并不少见，缉毒队员凡一旦在机场安检口发现可疑对象，通常会递上一杯水，如果对方无论如何都不肯喝下，说明胃肠中一定藏着可卡因，"因为水有可能弄破胶囊的包装。"最后一件毒品的包装方式就没有那么容易识破了，它是一块行李箱的内衬，毒贩通过化学方法将可卡因溶进了整块橡胶皮中，当运送至目的地后，再将可卡因提取出来。

藏毒的方式形形色色，但桌上的三个袋子已经是联邦警察为我们亚马孙之旅提供的全部。与之前在联络工作上耗费的精力和时间相比，我们的实际收获似乎并不对等。我心中有点忿忿不平，但觉得多说无用。多年后，我在搜索引擎上输入所长的名字，发现了许多与可卡因落网有关的新闻报道。至少从文字上看，他已经能够就塔巴廷加的毒品走私问题侃侃而谈。毕竟，当年的我们都是新手。

§ § §

出租车停在了一栋仿佛是看守所的建筑前，大门口有十几个人排着队，大多数是妇女，有的还带着小孩。我和阿力在他们好奇的目光中走进值班室，一个肤色偏深，看上去非常年轻的警员坐在一张木桌旁。巴西的行政规划分为三级：联邦、州和市。负责公共安全的警力队伍因此也分为三级：联邦警察、州军警、民警和市警卫队。在联邦警局遭到冷遇后，我们将希望寄托于当地的军警们，即使事先并没有做过任何申请。阿力向值班的警员述说了我们的情况，对方非常友善，甚至还带着一丝羞涩。他让我们稍作等待，便走进了里屋的办公室。

我们在门外的院子里四处打量着，高墙上装着好几圈电网，楼顶还建有哨岗，看来这里的确有一座看守所。我试着和队伍中的人聊天，但他们似乎格外谨慎，回答的句子简单极了，而且声音非常低弱，我需要靠得很近才能听清楚。这些人其实都是来探监的，他们的家人大多都因为做"骡子"被抓。"他当时带了多少？"我轻声问一个三十多岁、前来探望丈夫的女子。"他带了一公斤。"虽然在和我说话，她却把脸转向其他方向。另一个穿着绿裙子，踩着拖鞋的中年女子就比较随意，说想要知道她儿子还需要被关多长时间。

在巴西，犯人在法院正式定罪前常常会在看守所待上很长的一段时间。"他已经在这里好几个月了。"她稍微提高了音量，似乎希望队伍中出现附和的声音，然而并没有人作声。

没过一会儿，值班的警员就召唤我们进门。我们被带进了走廊尽头的一间办公室，窄小的空间里坐着好几个人，仿佛刚开完会。屋内没开灯，唯一一扇玻璃上还贴着报纸，所以显得非常昏暗。我一时分不清谁才是要找的人，直到其中一个人起身和我握了握手。他就是艾维尔顿少校，亚马孙州军警在塔巴廷加的总指挥官，身材魁梧，大脑袋，但却戴着一副细框眼镜。我们的运气似乎终于出现回转，因为经常出差的艾维尔顿少校当天正好在楼里值班。阿力往后退了一步，我明白他是想让我出面说情，因为每当遇到比较困难的拍摄情况，我这张外国脸总能派上用场。

我非常详细地向艾维尔顿少校介绍了我们的报道，虽然同样的话已经说了不知道第几遍，但我特意放慢语速，避免因为过于熟练而显得流气。听完我的叙述，艾维尔顿少校笑了笑，说完全明白我们的需求。他当下就给我们安排了几场拍摄，还介绍了对接的警员。我们感动得不知道说什么才好，仿佛在沙漠中迷路的旅人突然看到了绿洲。

晚上九点一过，两辆黑色的吉普就从军警的营地开出，我和阿力坐在其中一辆的后座。今晚我们要陪同拍摄特遣分队的夜间执勤，特遣分队是军警队伍中的一个分类，负责对辖区内的高危区域的稽查和巡逻，每支分队由至少三名士兵组成，中士带队，一名士兵驾驶，另一名则是助手，同时也负责队伍的安全。当晚带队的埃德瓦多是本地人，高高的颧骨上方长着一双细长的眼睛，或许带有点印第安血统，细心的他为我们准备了两件防弹衣。

虽然是周一晚上，但友谊大道两侧的餐馆和酒吧都开着，伙计们把一张张塑料桌都摆到了路边，人们大口地喝着冰镇啤酒。音响的音量都被调至最高，喧嚣的流行歌曲似乎能掩盖住枪声。我们先是经过了通向莱蒂西亚的主关口，和国家联合部队的值勤警员们打了个招呼，便向西开进了一条漆黑的小路。"这条路就是臭名昭著的龙东元帅路。"坐在副驾驶座上的埃德瓦多转过头对我们说。要是让伟大的龙东元帅听到了这句话，估计会气得直接从坟墓里跳起来。于1958年去世的坎迪多·龙东是巴西最杰出的探险家之一，早在20世纪初，他就克服万难在雨林中铺设了一条现代通讯线路，遗憾的是这条"龙东电报线"在建好后几乎没有被正常使用过。龙东还是"印第安人保护局"的创立者，聚集着大量印第安部落的欣古国家公园也是在他的提议下建成的。为了表彰龙东对国家的贡献，巴西政府颁授他"元帅"的军衔。

巴西几乎每个城市都有一条"龙东元帅路"，然而塔巴廷加的版本就没有名字听起来这么正气凛然。这条东西走向的水泥路是恶性凶杀案件的高发区域，因为它几乎处在巴西和哥伦比亚的国界线上。举例来说，一个哥伦比亚的雇佣杀手在塔巴廷加杀了人，他只要逃到龙东元帅路，再抄个小路向北多跑几步，就离开了巴西。虽然根据两国协议，巴西警方能够在哥伦比亚国境内200米左右的区域执法，但这一权限的实际意义并不大。即使联系到哥方的警察，也早已错过了追捕的最佳时间。埃德瓦多让警车停靠在路边，他和两个士兵带着我们沿着一条漆黑的小路向前走去。要不是阿力打开了摄像机的灯光，我肯定会被泥土中的石块绊倒。埃德瓦多停在了一栋木屋旁，他指了指不远处一根立在地上的小石碑，我走近一看，半米高的白色石碑上刻着"巴西"，标志着巴西领土的尽头。像这种无人把守的隐秘通道，在龙东元帅路上就有好多处，我终于明白为什么塔巴廷加被认为是巴西陆地边境线上最容易出入的地点。

在龙东元帅路稍作停留后，我们就出发前往码头区域。士兵们先是到几家昏暗的酒吧例行检查，穿着暴露的陪酒小姐非常镇定，配合地把大厅的灯全部打开，船员模样的客人瞬间都低下了头。士兵们对在场的人进行一轮搜身，但没有发现任何违禁品。我知道这是军警们为了配合拍摄而安排的临检，所以并没有特别在意。离开酒吧后，警车便沿着河岸缓缓开着，毕竟漫长的夜晚才刚刚开始。我们经过了巴西边防部队的驻地，军营的围墙上用绿色的大字写着："巴西从这里开始。"标语直面索利蒙伊斯河以及对岸黑蒙蒙的秘鲁，不但没有起到震慑的作用，反而还带有点浪漫的诗意。这显然不是我个人独有的感受，河边的草地上时不时能看见正在幽会的情侣。当然花前月下的景象也并不排除是一种掩护，他们有可能正在为毒贩接头或者放风，运毒的船只或许正在对岸整装待发。

当我们行驶至一个岔口时，对面的树丛中突然窜出了一辆摩托车，全然不顾警车发出的停车指令，从挡风玻璃前一闪而过。跟随在我们身后的警车立即掉头，将摩托车拦截住。还没等我反应过来，埃德瓦多和士兵们就已经跳下车，但却朝树丛跑去，阿力一手抓起摄像机紧跟其后。这时，第二辆车的士兵已经按住了摩托车上的两个青年。原来树丛间的小路通向河边的沙丘，其实是一条死路，这两个青年很有可能在为毒品走私集团接货。我于是也跑向树丛的方向，路的前方有一个移动的光点，那是摄像机的灯光，但我跑了好一会儿，却依然和光点保持着一段距离，而身后闪烁着的红色警灯已经越来越模糊。四周一片漆黑，我觉得自己仿佛被困在一个黑洞中，警察在夜晚执勤时遇害的故事从脑海中一闪而过，我的心脏剧烈地跳动着，仿佛黑暗的丛林中有一把枪正瞄准着我，但这时候再回去取防弹衣似乎为时已晚。

终于，眼前出现了几道光线，士兵们正举着手电筒，在树丛间四处搜索着。"他们一定把货藏在了附近。"其中一个士兵气喘吁吁地说。不远处的草地上有一个白色的塑料袋，他过去用脚踩了踩，发现是空的。我和他一直走到了河边，鞋子踩在沙丘上发出"唰唰"的声音。士兵用手电筒往河面照了照，水流很快，像是一张褐色的飞毯，

拍摄巴西军警在国界处的深夜执勤

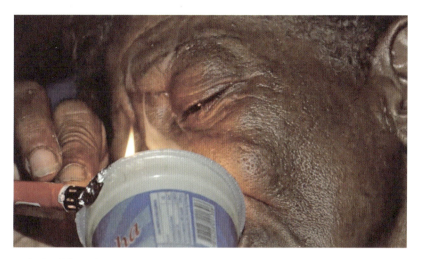

吸食"快客"的成瘾者

十几米之外已经是秘鲁。其他几个士兵也没有收获，于是一群人又疾步往回赶，这一次我紧紧跟在他们身后，生怕被独自落在后头。

回到警车的时候，士兵们正在盘问两名青年。这两人看上去不到 20 岁，都戴着鸭舌帽。他们一口否认自己和运毒有关，但拒绝回答为什么深夜还在这一个区域活动。士兵们把摩托车搜了个遍，甚至把皮质坐垫也卸了下来，但并没有发现任何毒品。虽然如此，士兵们却一眼看出这两人是毒品吸食者，因为熏黑的手掌是长期吸用古柯膏留下的印记。

在这个"为毒品而生"的边境城市，15 岁至 25 岁的男性青年被认为是运毒和吸毒的高危人群，而事实上，这个年龄段已经被提前了很多。同一天晚上，埃德瓦多带我们突袭了一个露天毒窟，虽然聚众吸毒的人听到了风声落荒而逃，但士兵们还是从废墟中拎出了一个衣衫褴褛的男孩。这个毒窟的"哨兵"只有 12 岁，非常瘦小，但却一脸倔强。士兵们从他口袋里掏出了一个被压扁的易拉罐，罐中央扎出了好几个小洞，这其实就是一个用来吸食"快客"的简易烟管。"快客"是一种廉价，但成瘾性极高的毒品，它是古柯膏被提炼出可卡因后的残余物，形似白色的蜡块，但比蜡的密度略高，又被称作快客石。吸食者把一块体积适中的"快客"放在罐身的洞眼上，然后用打火机点燃，这时"快客"就会像一小块煤一样慢慢燃烧着，吸食者通过易拉罐口吸入罐内的空气，"快客"燃烧产生的烟雾由此进入肺部。为了减慢"快客"燃烧的速度，有经验的人通常会在"快客"里掺进一些香烟的烟灰，而它之所以被取名为"快客"，是因为在燃烧时会发出"crack，crack"的响声。

士兵们决定将男孩带回警局，然后通知他的家人把他带走。男孩一看自己要被带上警车，突然嚎啕大哭："我妈妈会找不到我的。"他试图挣脱开士兵的手。埃德瓦多连忙上前，"我们并不是要把你抓进监狱，你妈妈马上会来带你回家。"我们后来才知道，这个男孩并不是第一次吸毒被抓，他从9岁就开始吸食"快客"，曾经尝试用自身的力量戒毒，据说还企图自杀。男孩的父亲几年前因为运毒进了监狱，家里只剩母亲。每次回看当时的视频，我都感到非常难过，那个男孩仿佛被施下了一个咒语，或许如同在当地广为流传的一句话："即使一个从未想过会贩毒的人，终有一天也会在塔巴廷加贩毒。"一种无力的宿命感油然而生。

自20世纪90年代起，塔巴廷加就已经成为可卡因走私进入巴西的最主要门户，然而直到2010年，巴西警方才明显提高对该地区的重视程度，这是因为秘鲁的古柯种植园已经离巴西国界越来越近。根据秘鲁政府的规定，只有几个特定的大区可以合法种植古柯，在边境的大区种植古柯是违法的。但是杀头生意有人做，在暴利的驱使下，古柯的种植早已蔓延至与塔巴廷加隔河相望的边境地区，原本三四百公里之外的古柯种植园如今来到了家门口，用篷布临时搭起的可卡因加工厂直接建在种植园内，在古柯叶收成的时期，生产流水线几天几夜也不会停歇。

亚马孙州第一大犯罪组织"北方家族"掌控着塔巴廷加的毒品走私，巴西人常说"监狱是最好的犯罪学校"，"北方家族"的发展和壮大是对这句话最好的诠释。"北方家族"原名为"北方第一司令部"，2007年左右，集团的三大头目在巴西西部的一家联邦监狱服刑，狱中，他们遇到了生命中的"贵人"：传奇大毒枭费尔南迪奥·贝拉玛。

费尔南迪奥是里约最大的贩毒集团"红色司令部"的首领之一，20岁的时候，他就从部队里偷出枪支，转卖给里约的毒贩，两年后，他干脆自己做起了毒品生意。在2001年被捕之前，费尔南迪奥几乎犯下了能够想象到的所有罪行，甚至还和哥伦比亚反政府武装"哥武"结盟。哥伦比亚时任国防部长路易斯·拉米雷斯在接受《纽约时报》的采访时，就称费尔南迪奥为巴西版的巴勃罗·埃斯科瓦尔。在深牢里，费尔南迪奥向这几个野心勃勃但缺乏经验的亚马孙毒贩传授了组建犯罪集团的要领，教他们如何抵御警方和敌对帮派。根据巴西警察的调查，毒贩们的辩护律师和亲友在探监期间甚至就借住在费尔南迪奥的手下租赁的房屋中。

或许是为了表示对"红色司令部"的臣服，从那开始，"第一司令部"的称号被"家族"二字所取代，集团的实力也全面升级，在2008年至2010年期间，"北方家族"大举进攻敌对帮派，成功地在当地称霸。与此同时，"红色司令部"也在马瑙斯成立了一个分支，协助"北方家族"从"哥武"以及秘鲁的贩毒集团获得可卡因，塔巴廷加直通里约贫民窟的贩毒网络最终成型。

与贩毒集团的迅猛势头相比，塔巴廷加原本就非常有限的警察力量显得更加薄弱。"再给我两百人，三百人，都远远不够。"艾维尔顿少校在采访时对我说。这个在亚马孙州工作了二十多年的资深军警在地图上标出了他们的管辖范围，几十公里长的河段上遍布大大小小的岛屿和沙丘，隐秘的河道数不胜数，而漫长的雨季在拉高水位的同时，也打造出更多条临时的水路，原本的陆地现在可以行舟。我让艾维尔顿少校谈谈塔巴廷加的未来，他非常坦诚地说，尽管目标是消灭毒贩，但所有人都知道，毒品走私活动永远不会停止，"因为这是一个全球性的问题"。我把最后这句话用在了报道中，虽然当时还并不能完全理解其中的含义。

不要小看贩毒集团的想象力和执行力，有迹象显示，毒贩正试图将塔巴廷加地区从传统的可卡因中转站打造为新一代的古柯种植地。2008 年 3 月，巴西丛林部队通过卫星监测照片偶然地在塔巴廷加以南 150 公里的河岸边发现了面积相当于两个半足球场大小的古柯田，这是巴西当局历史上首次在境内发现古柯种植，七千多棵植株都已经进入收成的阶段。在实地探访中，警方还发现了一间疑似可卡因加工厂的木屋，屋内放有生产古柯膏所需的设备和化学原料。虽然无人落网，但幕后黑手可以断定是当地的贩毒集团。2014 年 8 月底，在塔巴廷加以东 200 公里处的一片封闭丛林中，巴西丛林部队再一次发现了种有将近 1300 棵植株的古柯田。据说位置极其隐蔽，即使从空中监测也很难发现，如果不是有人提供情报，警方永远不可能知道它的存在。这么看来，隐藏在亚马孙州腹地的古柯田或许还有很多。

　　旅途的最后一个下午，我和阿力偶然经过莱蒂西亚的一个小广场。广场上种满了大树，或许因为年代久远，树冠之间已经缠绕在一起。黄昏将至，远处雨林的上空出现了一朵朵缓慢移动的乌云，仔细看才发现，其实是成千上万只飞翔着的小鸟。它们分成了好几群，先是在余晖中不断地改变着队形，然后突然俯冲向广场，消失在成片的树冠中，如同一场黑色的暴雨。我们连忙拿出相机，想将它记录下来。但不知为何，镜头上的画面远远没有亲眼看见的震撼。不时有当地人经过，但似乎都习以为常。我们于是收起相机，安静地坐在广场边的石阶上。刹那间，眼前的景象让我联想起即将结束的亚马孙之旅，我们看到了这么多，但似乎什么也没拍到。就在这种满足而又遗憾的情绪中，天渐渐地黑了下来，我怎么也不会想到，整整一年后，成吨的毒品正在另一座边境城市等待着我。

第 ③ 章

警员们把一包包大麻整齐地叠放在检查站的窗台上，还用细长包装的大麻在地上摆出了联邦公路警察的葡萄牙语缩写。过往的车辆都放慢了速度，乘客们摇下车窗，露出惊讶的表情。

梦中，我来到了一个集市，一定是忘了戴眼镜，四周一片模糊，只听见来来往往的脚步声。醒来时，屋外大雨瓢泼，硕大的雨点撞击在旅馆房间的窗户玻璃上，犹如密集的鼓点。这是我和阿力抵达伊瓜苏的第三天，雨几乎没有停过，而且似乎有越下越大的趋势。

塔巴廷加的报道顺利播出后，我也开始为新的选题忙碌起来，但每当出现与毒品相关的消息，我都会瞄上一眼，总觉得和自己有些关系。3 月的一天，我在报纸上看到一条报道：巴西警方引进 X 光车用于缉毒。X 光车是一种车载 X 光扫描仪，它能够在高速行驶的状态下对经过的车辆进行实时扫描。报道的配图是一张类似于医院放射科拍摄的 X 光片，只不过片子上出现的是一辆机动车的轮廓，驾驶室里的白色小人是司机，他的脚下有一小堆白色的方块。"只需两秒，警察就发现了藏在驾驶室夹层的可卡因。"报道里写道。在我的直观印象中，巴西的缉毒技术仿佛处于石器时代，基本上依靠人工搜查，效率很低，X 光机的使用绝对算得上是一个升级。当天，我就给主管单位联邦公路警察发去了申请采访的邮件。

即使对于巴西本地人来说，联邦公路警察都是一个非常陌生的概念，常常会被和其他的机构混淆在一起。如果你登录联邦公路警察的官网，点击"常见问题"一栏，就会跳出以下两个问题：1."联邦公路警察是联邦警察的一个下属部门吗？" 2."联邦公路警察是交通警察吗？"这代表了外界最普遍的两种误读，联邦公路警察其实是一个和联邦警察平级的单位，主要负责全长 7600 公里的巴西国道的公共安全，然而这个标准答案实在无法反映出这份工作的复杂性。

巴西是一个公路系统非常发达的国家，虽然国土面积全球排名第五，但铁路的发展十分滞后，全国将近 63% 的货运都是通过公路运输完成的。"重公轻铁"的国情要追溯至 20 世纪 20 年代，时任圣保罗州长华盛顿·路易斯有一句名言："治国就要修路。"根据他的诠释，要统治一个地区，首先需要在那里安置人口，而要完成这个任务，就必须修建道路。1926 年，路易斯当选巴西总统，迷恋修路的他上台后做的第一件事就是建设了从里约热内卢通往彼得罗波利斯和圣保罗的两条公路，前者还是巴西第一条沥青公路。

然而巴西公路的黄金时代却是由另一位总统带来的，1960 年巴西迁都巴西利亚后，总统儒塞利诺·库比契克在北部和西部地区兴建了大量的公路。除了开发内陆，打造以巴西利亚为中心的全国交通网络外，这位巴西历史上执行力最强的总统其实还下着另外一步棋：一旦国内的公路网络建立起来，外国的汽车公司自然纷至沓来，这不仅能发展巴西本国的汽车产业，还能带动汽车零件、电器配件、润滑油等相关行业，成立于 20 世纪 50 年代的巴西国家石油公司就是靠着这股"公路热"度过了蹒跚学步的幼儿时期。如果说当年的巴西最缺资金和工作岗位，那么一条公路就解决了所有的问题。

公路上流动着这个国家的财富以及罪恶。它在给巴西经济带来巨大贡献的同时，也成了犯罪案件的高发区域，并且具有明显的地域性。在北部，联邦公路警察埋伏在跨亚马孙公路两侧的丛林里，等候满载着非法木材的卡车经过；在东北部，他们要解救流落于高速路边的童妓；而在西南边陲，他们最主要的任务就是缉毒，因为与其交界的玻利维亚、巴拉圭都盛产毒品，其中巴拉圭是世界第二大大麻生产国，年产量在 5 万吨左右，而产量的 80% 都走私到巴西。

邮件发出后不到一个礼拜，我就接到了来自巴西利亚的电话。打电话的人名叫佩德罗，是联邦公路警局的总顾问，他说非常欢迎我们前去拍摄。之前在联邦警局的不愉快经历让我谨慎了不少，但佩德罗的热情邀约倒是给我留下了很好的第一印象。"不过我们有一个限制，就是不能拍摄车的外观。"原来，联邦公路警察目前共有六辆 X 光车，而每一辆都经过了改造，分别有着不同的外形，这么做是为了防止被狡猾的毒贩们认出。我觉得这个要求合乎情理，所以并没有任何异议。

巴拉那州和南马托格罗索州是 X 光车的试点地区，它们加起来的面积相当于一个法国的大小，是公路运毒的重灾区。来自玻利维亚、乌拉圭的可卡因和大麻先从这两个州的边境城市进入巴西境内，然后沿着国道一路向东，如果一切顺利，十几个小时后就能抵达圣保罗和里约。

与巴拉圭交界的蓬塔波朗和科伦巴一直是我向往的边境城市，因为它们常常和毒品落网的新闻出现在一起。然而出乎我意料的是，佩德罗把拍摄地点安排在伊瓜苏。

和塔巴廷加一样，伊瓜苏也是一个位于三国交界处的城市，它有两座大桥，西边的桥通往巴拉圭的东方市，南边的桥则连接着阿根廷的伊瓜苏港。然而令这座城市声名远扬的却是一段马蹄形的瀑布群，名列世界七大自然奇观的伊瓜苏大瀑布是南美洲最受欢迎的旅游景点之一，每年慕名前往的游客超过 700 万人次，其中不乏怀着朝圣心情的影迷，因为从"007"系列到导演王家卫都曾经将它作为电影里的场景。我在几年前去过伊瓜苏，很难将这座旅游城市和"缉毒重镇"的标签联系在一起。5 月的第三个礼拜，我和阿

巴西、巴拉圭、阿根廷三国交界处

力登上了一架飞往伊瓜苏的 A320 客机，飞机上还有一个来自圣保罗的旅行团，坐在一群兴致勃勃的游客中间，我的心里隐约有些困惑。

抵达伊瓜苏的第二天上午，我们前往市中心的一家酒店和佩德罗见面。

一路上交通非常通畅，每过十几米都能看见一幅印有瀑布和大嘴鸟图案的广告牌。湿漉漉的路面是凌晨时的一场阵雨留下的，虽然出现了短暂的晴天，但天空的边缘堆积着一层厚厚的乌云，有一种兵临城下的压迫感。虽然城市不大，但我们还是绕了好多路才找到约定的地点。酒店门口停着几辆黄蓝相间的警车，如果不是车门上印有联邦公路警察的徽章，一定会被误以为是博卡青年队的专属用车。

佩德罗正在酒店大堂里等候着我们，他是阿拉伯后裔，个子不高，身形介于壮实和微胖之间，走起路来倒是很有派头。或许是因为光头的缘故，他没有表情的样子显得很严肃，但笑起来的时候又仿佛是喜剧演员，有一种天然的亲切感。佩德罗还带来了一个亚洲人，他的名字叫鲁，是一名巴西华裔，在戈亚斯州分局工作，这一次被总部调来伊瓜苏，就是为了协助我们的拍摄。鲁会说中文，似乎还带着点河北口音，虽然长得很高，但说话慢条斯理。我一开始觉得鲁一定是被派来监督我们的，但后来发现是自己多疑了，他不仅是一个可靠的工作伙伴，还给我解答与巴西司法系统有关的许多疑问，渐渐地成了我们的好朋友。

"每一条国道的编号都有特殊的含义。"佩德罗在会议桌上展开了一张巴拉那州的地图。根据巴西公路编号规则，国道由三个数字组成：第一个数字指示着公路的方向，例如 1 代表南北方向，2 代表东西方向，0 则意味由首都巴西利亚通往内陆或者沿海边陲；另外两个数字指示着公路的位置，以巴西利亚为轴心，每个数字代表着不同的方位。

佩德罗在解释一番后，特意停顿了一下，仿佛这个不为人知的交通常识是我们下一步沟通的基础。在每个人的潜意识里，时间或空间都有不同的呈现方式，对联邦公路警察来说，巴西显然是由一串串数字组成的。

在错综复杂的黄线中，国道 277 受到警方的严密监视。这条公路是伊瓜苏地区通往外界的唯一陆上通道，自然成为了毒品走私的主要枢纽。2010 年 7 月，联邦公路警察在国道 277 上的圣特雷济尼亚检查站拦截下 21.5 吨的大麻，破了当时的全国纪录。"待会儿你们可以去检查站转转。"佩德罗对鲁吩咐着，但绝口不提 X 光车。我连忙询问 X 光车的拍摄安排，佩德罗解释说他正在协调中，可能安排在明天，具体时间将由鲁转告我们。

从酒店出来时，外头已经下起了小雨，但我们还是按计划前往伊瓜苏以东 20 公里的圣特雷济尼亚检查站。鲁当天没穿警服，按规定不能够驾驶警车，于是他也钻进了我们的车里。车沿着国道 277 向东开去，没一会儿，挡风玻璃上就附着了一层薄薄的雾气，让视觉出现了轻微的误差。两辆大卡车一前一后地低速行驶着，犹如在原野上悠闲散步的史前生物，载满大豆的卡车是这条公路的主角，它们的目的地是国道 277 的终点帕拉那瓜港，那里是巴西最大的粮食出口港。

圣特雷济尼亚检查站位于路的南边，外墙也被刷上黄蓝两种颜色，仿佛是糖果盒球场的售票处，但一整排的黑色镀膜玻璃又让它显得有些肃穆。几个警员正在屋内值班，我们的到来让他们有些意外，好在鲁很快就以同事的身份向他们说明了缘由。一听说我们要做缉毒报道，大家都七嘴八舌地聊了起来。"你们可来对了地方。"其中一个警员热情地对我说，他打开了桌上的笔记本电脑，桌面的一个文件夹里存放着各种落网毒品的照片，他还特别给我们播放了一段警方追击毒贩的视频。"都是在这里拍的吗？"我兴奋地问。他颇有些得意地点点头，立即描述起当时的情景，其他人也都凑了过来。在我的脑海中，一棵植物正迅速生长着，X 光车的报道原本是唯一的枝干，但此时仿佛出现了许多新的枝叶，逐渐繁茂起来。

如果不是有人披着滴水的雨衣走进来，我们都没觉察到屋外已经大雨倾盆，黑云将天空封得严严实实，路上一辆车也没有，愤怒的雷声从田野的尽头翻滚而来。我和警员们约好，等下午天晴了再来拍摄。然而雨一直没有停，傍晚的时候，鲁给我打电话，说如果明天不下雨，就可以拍摄 X 光车，他还叮嘱我睡觉时不要关机，"如果执勤的警员查到毒品，我会及时通知你。"夜里我醒来好几次，但手机屏幕上没有任何未接来电的显示。

和巴西许多地名一样，"伊瓜苏"也源自印第安图皮族的语言，"伊"指的是"水"，"瓜苏"则表示"大"。看来在几千年前，"水大"就已经是这个地区的特征。在旅馆房间的电视上，午间新闻正播放着伊瓜苏瀑布的实时画面。"连日的大雨使得瀑布的水量比平常翻了三倍，达到每秒 400 多万升……"为了听清主持人的播报，我不得不调高电视的音量，才遮挡住窗外的雷雨声。鲁发来短信，通知因为天气原因，当天的拍摄暂时被取消。我暗暗地诅咒着这场没有尽头的大雨，在旅馆里度过了忧闷的一天。直到临睡前，雨才终于停了。

§ § §

清晨六点刚过，居住在阿曼巴伊的吉瑟斯就起床洗漱了。在这座距离伊瓜苏四百多公里的小城里，久违的阳光洒满了带有巨型鹦鹉雕塑的市标广场。前一天晚上他就已经收拾好行李，等过一会儿取上车就可以出发去圣保罗。在接到这趟活之前，38 岁的吉瑟斯已经失业了好几个月，他对圣克里斯托弗的雕像轻声祷告着，希望这位旅途守护神能保佑他一路平安。再过十几个小时，我和他之间就会出现交集，但在那之前，彼此都一无所知。

天晴了，我们的拍摄也终于重回正轨。到达圣特雷济尼亚检查站的时候，当天的负责人贝纳迪已经等候在那里。鲁也换上了警服，身上套着一件防弹背心，腿上还别着一把手枪，值勤的警员们则携带着两把枪。对于联邦公路警察的好枪法我早有耳闻，他们经常在各类射击比赛中获得名次。我让贝纳迪解释一下原因，他只是笑着说："巴西的公路练就了一批神枪手。"

联邦公路警察在国道 277 自西向东的一百多公里范围内设立了三个检查站，值班的警员不仅会对公路上的可疑车辆进行检查，还会不分昼夜地在公路两侧的玉米田里巡逻，因为运毒的车辆常常利用田间小道绕过检查站。运有毒品的车辆一旦开出了这一百多公里，之后的通道和捷径就多了起来，如同一条河流汇入了大海，失去了拦截的最佳时机。

贩毒集团对这几个检查站的"用心良苦"让警方都始料未及，为了能成功通关，他们曾经在检查站对面100米不到的树丛里安装了监控摄像头。警员们为我们翻出了当时拍摄的照片：鸡蛋大小的摄像头藏在树叶里，电源线则接到树下的一个临时帐篷内。翻开门帘，里面铺着防潮垫，供电的小铁盒藏在角落里。两条旧毛毯凌乱地卷在一起，毒贩的"哨兵"就靠着它们撑过寒冷而漫长的夜晚。帐篷外罩着一层黑色的塑料膜，既用来作掩护，也可以防雨。"我们在值班，毒贩也在值班。"贝纳迪说道。我很想告诉他中国人有句谚语叫作"螳螂捕蝉，黄雀在后"，但又觉得有些不妥。

看着天气不错，我们打算以车流不息的公路为背景，对贝纳迪做一个简单的采访。麦克风刚别上，阿力正对着焦，突然身后有人大喊了一声。我还没反应过来，贝纳迪就已经从镜头里消失了，他和几个警员跳上了一辆停在路边的警车，猛踩油门向前开去，轮胎在路面上发出刺耳的摩擦声，警笛也瞬间拉响了。我心想难道今天运气这么好，刚开工就撞上了毒品落网。

然而这不过是一场虚惊，没过一会儿，警车就安静地开了回来。原来司机当时戴着耳机，在经过检查站的时候没有听见警员的喝止声，一直往前开，所以被误认为是逃逸的毒贩。重新回到镜头前的贝纳迪似乎有些心神不宁，一直留意着身旁经过的车辆。我问他如何在最短的时间内识别出一辆车是否有嫌疑，他回答说如果是一辆载满货物的大卡车，在翻箱检查之前，警员们通常会和司机聊上两句，问几个问题，很多时候疑点就会自动露出。"车牌也是一个重要的线索。"贝纳迪补充道，许多在当地落网的运毒车辆都挂着南部城市的牌照，虽然警方还未调查出其中的关联。

在离我们将近 300 公里的瓜伊拉，32 岁的警员克雷顿正从储物柜里取出一件夹克穿上，雨虽然停了，但气温也低了好几度。他刚走出检查站没几步，就看见从桥上开来了一辆拖车，车板上空荡荡的，什么货物都没有。"为什么开得这么慢呢？"克雷顿觉得有些奇怪，于是上前拦下了车，他瞄了一眼车牌，属地是南大河州的内陆城市夸拉伊，克雷顿的心中突然有些警觉。

司机穿着一件红色的 T 恤，听口音不像本地人，他说自己早上从南马托格罗索州出发，正在去南部的路上，拖车是用来运木材的。克雷顿绕着长长的拖车走了一圈，车板的中央有一大块铁皮，似乎是不久前刚焊接上去的，他又蹲下来看了看车底，发现底盘离车板还有一大段距离，似乎里面还有一个夹层。克雷顿觉得有些蹊跷，于是让检查站的同事去仓库里找来一把电据，他完全没有想到，考进警局这八年来的第一次立功就在铁皮的另一面等待着他。

刚采访完贝纳迪，鲁就通知我们 X 光车已经到位。那是一辆小型的厢式货车，停靠在检查站对面的马路边上，车被漆成了白色，仿佛是一辆食品配送车。鲁打开车门，驾驶室里坐着一个警员。"其他人呢？"我问道。车上的警员讶异地看着我，"我收到的命令就是为你们展示 X 光车的操作方法。"根据我向联邦公路警局递交的采访计划，拍摄团队将陪同 X 光车的一次日常行动，展示警员们是如何利用新科技来打击毒品走私。然而现场的情况显然和我期待中的有很大的不同。我看了看鲁，他有些尴尬，说不是很清楚具体的情况。我大概明白发生了什么，警局并没有组织 X 光车的出勤，而是找一个人把它开来罢了。我知道让佩德罗重新安排的可能性微乎其微，只好作出让步。

由于不能曝光车的外观，唯一的拍摄场所只剩下两平方米不到的驾驶室。在我们的再三劝说之下，驾驶的警员终于答应带我们到马路上转一圈。我把唯一的座位让给需要拍摄的阿力，自己则蜷缩在座位之间的缝隙里。方向盘的右侧架着一台笔记本电脑，警员打开了桌面上的一个程序，一个黑框随即跳出。"这就是 X 光车的显示仪。"他说。前方迎面开来了一辆卡车，在卡车和我们擦身而过的一瞬间，黑框中出现了卡车的横截面 X 光片，白色的圆圈是卡车的轮毂，车厢里整整齐齐地叠放着白色的正方体，警员说那是一

巴西联邦公路警察的 X 光车 1

箱箱啤酒。

"这辆车看上去很新，你们常用它吗?"我试探性地问他。警员想了想，说 X 光车平时主要停在伊瓜苏的分局里做后援，如果嫌疑车辆的搜查难度较大，就会被派去现场。"主要还是因为人手不够。"他解释道。按照行动规章，每次出动 X 光车都需要配备九名警员，其中包括两名仪器操作人员和七名负责搜查的警员。然而对于警力严重不足的联邦公路警察来说，这样的出勤规模几乎是天方夜谭，"一个检查站平均也不过才六个人。"他掉转车头，开始往回开。

1995 年，联邦公路警察在伊瓜苏地区拥有 115 名警员，而在

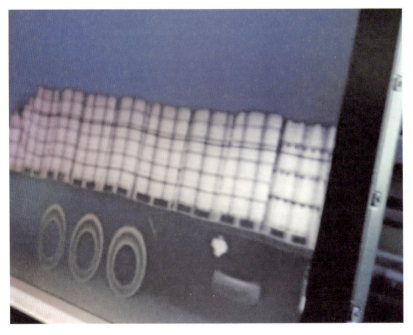

巴西联邦公路警察的 X 光车 2

2011 年，跌至 70 人。在巴西其他的城市，人员紧缺的情况更加严重，许多检查站甚至因此而关闭。"难道是因为钱给得太少？"我很自然地将人员流失和薪酬因素联系在一起。然而事实上，联邦公路警察的工资并不低，一个大学毕业生进入警局的第一年，就能拿到7000 雷亚尔左右的月薪，是巴西最低工资的将近八倍，相当于一个在北京工作的人有一万多元人民币的起薪。

问题其实出在政府预算上，联邦公路警察从属于巴西司法部，但招考名额以及新警员的任命却是由巴西计划部决定的。从 2010年开始，招考的申请就因为预算问题屡次被拒，虽然 2013 年的公开招考在司法部的强烈呼吁下如期进行，但新警员的任命却无法一次到位。联邦公路警局局长在接受巴西媒体采访时就毫不避讳地说："不是我们不采购新器材，而是因为买了也腾不出人手来使用它。"这句话似乎提前预言了 X 光车的命运，虽然单价高达 150 万雷亚尔，却只能在警局的停车站里消磨时光。我不禁想起那篇 X光车的报道，暗暗感慨着理想和现实的落差，仿佛一场新戏的幕布正要拉开，却突然被紧紧地卡住。

然而失望的情绪很快就被接下来发生的事情彻底冲散了。伊瓜苏分局接到通知，一辆满载大麻的车辆刚刚在瓜伊拉落网。我们赶到分局的时候，楼道里站满了人，他们是联邦公路警察在全国各个地区的顾问，正在伊瓜苏参加年度会议。显然他们也收到了消息，每个人都显得很兴奋。佩德罗从人群中走向我们，说大麻的重量估计超过两吨，但具体情况还不清楚，他已经和当地的警员打好招呼，我们可以去现场拍摄。"从这里到瓜伊拉有将近四个小时的车程，你们需要现在就出发。"佩德罗特别向分局申请了一辆警车，让鲁送我们过去。

抵达瓜伊拉的时候已经是晚上七点多，天完全黑了，路两旁的民宅里闪烁着星星点点的灯光。街道上种满了比楼房还高的大树，整座小城仿佛藏在了树影当中。为了防止贩毒集团的反击，落网的车辆已经从联邦公路警察的检查站转移到警力较为充沛的联邦警局派出所。出乎我们意料的是，它并不是普通的厢式货车，而是一辆将近十米长，经过特别改造的拖车，狡猾的毒贩在车板下做了一个夹层，里面塞满了包装好的大麻。警员们刚在车板上锯开一个小口，排列整齐的大麻就立刻露了出来，用巴西警察的行话说就是"掉了"。司机知道大势已去，于是坦白自己在为贩毒集团运毒，拖车里藏着 2.6 吨大麻。

警员们花了将近六个小时才把车板一块块锯开，并取出了位于夹层上方的大麻，然而还有大量的大麻位于夹层的底部，无法徒手够到。于是他们让几个人爬进车底，尝试将夹层拆开。当我们抵达现场的时候，夹层底部的木板刚刚被松开，没过一会儿，一包包大麻开始"啪啪"地往下掉，犹如阿拉伯神话故事里从天而降的金币。每当车底的警员用斧头敲开一块木板，就有一片新的藏毒区域显现出来，他们不得不手脚并用地将大麻推出车外，才能为自己挪出空间。

我从满地的大麻中捡起了一包，拿在手里仔细端详着，它像是一块细长的方砖，重量在一公斤左右，外面用透明的保鲜膜紧紧包裹着，还涂上了一层黄色的油脂，沾了我一手。阿力把镜头对准了我，我有很多话想说，但却突然词穷。它和一年前塔巴廷加派出所里的那一袋袋散发着落败气息的可卡因相比是那么的不同，仿佛是一颗刚刚从树枝上采摘下来的果实，还能感觉到残存的生命力。

车外接应的警员不断地将大麻丢进白色的布袋中，然后用推车运去称重登记。虽然已经来来去去了十几趟，但地上的大麻似乎并没有明显减少。"毒贩在包装上涂油是为了方便储藏，而且能够掩盖大麻的气味。"身旁的警员解释道。能够在空间如此有限的夹层里塞进两千六百多包大麻，毒贩们似乎颇有收纳的天赋。

运毒的司机已经被关在拘留室里，我打算问他几个问题，但派出所的所长并不批准。过了一会儿，鲁神秘地对我晃了晃他的手机，原来他以警员的身份溜进了拘留室，还录下了司机的一部分口供："他从南马托格罗索的阿曼巴伊出发，真实目的地其实是圣保罗州内陆的一个小城，如果送货成功，他将得到一万五千雷亚尔的酬劳。"看似非常有限的信息量其实足以拼凑出整个故事的脉络，因为阿曼巴伊距离巴拉圭最主要的大麻生产地阿曼拜省仅仅 45 公里，大麻先通过陆路进入巴西，在某个由贩毒集团控制的私人农庄里集中，然后被放入经过精心改造的拖车中，而它的运输路线则暗示着这车价值 260 万雷亚尔的大麻极有可能属于巴西最大的犯罪集团"首都第一司令部"。根据警方的调查，这个甚至在美国和中国都拥有账户的犯罪集团掌控着巴西和巴拉圭的陆地边境区域，他们在沿途的许多城市设有"中转基地"，平均每周的大麻流动量能达到一吨。

在 2004 年以前，用小型飞机跨境运毒是贩毒集团常用的方法，飞机从建在大麻种植园里的小型跑道起飞，跃过形同虚设的边境线，直接降落在毒贩的农场里，但一项名为"击落法令"的法令正式生效让它不再受到青睐。根据这项颇受争议的法令，巴西军方有权击落任何涉嫌贩毒的飞机。虽然十多年来还未曾有飞机因此坠毁，但这还是在一定程度上震慑住了"货比命大"的毒贩。

晚上十点多，警员们终于从夹层里取出了最后一包大麻，派出所的临时仓库此时已经堆满了沉甸甸的布袋。我把执勤队长克雷顿叫进仓库，希望他以自己的战利品为背景，介绍一下具体的侦破过程，克雷顿也非常乐意，还在身后显眼的位置摆放了一块联邦公路警察的标志。正在这时，一个穿着黑色制服的联邦警察突然走进仓库，二话不说就把我们赶了出去。原来，联邦公路警察虽然是此次查获工作的执行方，但所有落网的毒品都必须由联邦警局管理和处置。事实上，在2013年以前，巴西司法部并不会在年度报告中专门罗列出联邦公路警察的毒品查获量，这使得他们在缉毒工作上的付出长期被外界忽视。克雷顿有些失落，但并没有表示出不满。我们最后把采访地点改到了被掏空的拖车边上。镜头前，克雷顿有些激动，说在初步确认大麻的数量后，他接连拨通了两个号码，第一个电话打给顶头上司，第二个电话则打给了父母。不知是因为风太大还是灯光太强烈，克雷顿的眼眶微微地泛红了。

整整一天的拍摄终于结束，兴奋褪去后的疲倦像洪水一样席卷而来，我和阿力累得瘫坐在座位上，但鲁还得强打着精神再开几个小时的夜车。我们在沿途的加油站喝了点热咖啡，便继续赶路。回到伊瓜苏的时候已经是清晨四点半，我开玩笑地对鲁说："如果接下来抓到的毒品没有超过一吨，就不用给我打电话了。"

　　我的头几乎一碰上枕头就昏睡过去了，仿佛有人从背后把我拽进了海底。但似乎没过多久，我又突然浮出水面，耳边隐约传来手机铃声。我挣扎着睁开眼睛，窗帘的缝隙微微透着白光。我一看手机，已经是早上七点多。电话那一头是鲁的声音，"又抓到超过一吨的大麻，你想要拍吗？"原来清晨六点多的时候，圣特雷济尼亚检查站的值班警员在巡逻时拦截了将近 600 千克的大麻，但鲁按照约定没有通知我。然而不到一个小时，警员们又拿下超过 500 千克的大麻，加在一起超过了一吨。我的眼睛虽然像火烧一样疼，但还是决定立刻赶去圣特雷济尼亚检查站。

　　清晨的阳光给国道 277 罩上了一层薄纱，但下车时还是感觉到了空气中的凉意，检查站前十分冷清，正当我以为来得太晚时，警员马科斯从屋子里走出来，愉快地向我们招手。"你们真够迅速的，他们已经出发去拉车了。"马科斯是我们的熟人，前一天他还带着我们去公路一侧的玉米田里转了转，实地讲解毒贩是如何抄小路逃避警方的监视。一听说正是马科斯的巡逻队拦下的大麻，我们都开心极了，有一种参与其中的亲切感。没过一会儿，警车就拖来了一辆黑色的桑塔纳，整个车头都已经被撞掉，发动机舱的零部件都暴露在外面，如同一只惨遭剖腹的野生动物。

　　马科斯说，当时天还没亮，他们正开着车在田间巡逻，突然前方出现了一辆关着车灯，缓慢行驶的小汽车。司机一发现警察，立即猛踩油门试图逃跑，但并没有得逞。眼看就要被警察追上时，车头猛地撞上了田垄，司机跳出驾驶室，钻进了比人还高的玉米田里。马科斯和另一个同事举着手电筒在田里搜寻了好几圈，都没有发现司机的身影。

桑塔纳还保持着被拦截时的样子，副驾驶座上有一个旧背包，应该是司机留下的，后座上则盖着一块黑布，我把布角一掀，立即露出了一大堆棕色的包裹。这是大麻的另一种包装，它的体积只有瓜伊拉的四分之三，用牛皮纸包裹着，然后再缠上透明的宽胶带，像一本包着书皮的小学课本。后备箱盖虚掩着，我轻轻地将它打开，里面密密麻麻地塞满了大麻，一点多余的空间都没留下。

警员们找来了一辆独轮手推车，把大麻一批批卸下来。这时我才发现后备箱里还装有另一种包装的大麻，它和瓜伊拉的包装非常类似，但没有涂润滑油。一个微波炉大小的纸箱藏在后备箱的最深处，里面存放的也是牛皮纸包装的大麻。"看来有人已经预定了这箱大麻。"马科斯自信地说，"司机正同时为好几个买家运货，从大麻的包装就可以看出来。"他把两包外形不同的大麻放上电子秤，一包显示 0.7 千克，另一包则是 1 千克。有趣的是，大麻里还混杂着几十条走私香烟，或许在司机看来，这不过是举手之劳。我无法想象是怎样一种心无旁骛让他相信借助一块黑布和一个黑夜就能赢得这场赌注。

"你们运气真好，环球台的记者来这里蹲了一个礼拜，但什么也没拍到。"马科斯撕开了其中一包大麻，一股草腥味立刻飘散开来。"你摸摸看，它还有点湿。"我用手指摁了摁，果然有些软，仿佛用力拧还能挤出几滴水来。"现在是收成的时期，大麻叶还没干透，就被打包了，这样称起来更重。"他用一把小刀挑出几颗大麻籽，放在我的手掌上。

也不过是十年前，位于巴拉圭东部的奥托巴拉那省还是一片盛产棉花、大豆的恬静之地，在当地瓜拉尼农民眼中，种植大麻是唯利是图的北方佬才干得出来的事。然而南下寻找商机的毒贩们很快就扭转了这种想法，在他们的描绘中，这种一年四收的桑科植物要比通天的魔豆来得更神奇。仿佛在一夜之间，靠近边境的树林里就开垦出了几十公顷的大麻田，并且不断扩张。如今的奥托巴拉那省已经是南美洲新兴的大麻产地，虽然农民们并没有等来会下金蛋的白鹅，辛勤劳作一天的酬劳只有六七美元，甚至还不如从前。

从卫星照片上看，伊泰普湖仿佛一只张牙舞爪的黄鳞巨龙盘踞在巴西和乌拉圭之间，但实际上，很难找到比它更静谧的湖水，建

巴拉圭河上的可疑船只

成于 1982 年的伊泰普大坝甚至将曾经的世界第一大瀑布也永久性地藏进水底。那些从巴西各地赶来见塞特克达斯瀑布最后一面的人们怎么也不会预料到，这个面积达 1350 平方公里的人工湖日后将成为毒品走私的重要通道，贩毒集团在岸边的树林中开辟出隐秘的港口，每当夜色来临，湖面上就出现了一道道银白色的轨迹，满载大麻的马达船即使没有灯光的指引，也能在黑暗中顺利抵达对岸的巴西。

突然间，潜逃司机的背包里传出了手机铃声，马科斯取出手机，屏幕上显示的是本地的区号。"喂，说话呀，我是联邦公路警察。"他丝毫不隐藏自己的身份，但电话另一端没有作声。"我是联邦公路警察。"马科斯又重复了一遍。对方终于开口了，说他有一个陌生号码的未接来电，所以回拨了过来。"好吧，那就等这个人从监狱里给你打电话吧。"说完马科斯挂断了电话。"对方有很吃惊吗？"我问道。"我觉得他已经预料到这个情况，只不过打来确认罢了。"马科斯把手机扔回背包里，似乎并没有打算追踪这个号码，美剧里警方借助通信定位技术拿下整个犯罪组织的剧情在这条内陆的边境公路上似乎并不吃香，毕竟，这只不过是伊泰普湖两岸数百个贩毒团伙中的一个。

警员们把一包包大麻整齐地叠放在检查站的窗台上，还用细长包装的大麻在地上摆出了联邦公路警察的葡萄牙语缩写。过往的车辆都放慢了速度，乘客们摇下车窗，露出惊讶的表情。我原本打算上前采访一下路人们的感受，但最终不忍心破坏掉这个美好的时刻。"我觉得所有的付出都得到了回报。"马科斯和我们握手告别，开始新一轮的巡逻。

　　我时常在网上追踪 X 光车的消息，但寥寥无几，直至 2015 年 4 月，一份南马托格罗索州的报纸报道了 X 光车不被使用，长期停靠在当地警局大院的新闻。虽然如此，联邦公路警察在西南边境的表现依然十分活跃，2015 年 11 月，他们在巴拉那州北部的公路上拦截下 24.5 吨的大麻，再一次刷新了自己创下的全国纪录。然而最新一年的招考申请依旧未得到联邦政府的批准，2016 年的财政紧缩政策让前景更加渺茫。而在瓜伊拉，克雷顿警员凭借有目共睹的工作成绩被提拔为当地警局的"一把手"，但他依然保留着一份感性。"这是我从小就梦寐以求的工作。"克雷顿在就任仪式上激动地说。

　　我和阿力并没有立即离开伊瓜苏，因为还有一个更艰巨的任务需要完成。在经历了两天奇迹般的晴天后，连绵的阴雨又一次光临了这座城市。

第章

巴西境内流动的枪支数量约为 1600 万支，其中约 760 万支是非法走私枪支，
为犯罪分子所拥有。

步行通过友谊大桥只需要短短六分钟的时间，但为大桥选址却花了水文学家们整整 20 年。从远处看，它仿佛是舞台上一跃而起的芭蕾舞演员，有一种藤类植物般的轻盈感。然而当你置身桥面，任何对于 20 世纪 60 年代的美好向往都会在瞬间化为乌有。短短 500 多米的钢筋桥被来往的车辆和行人堵得水泄不通，仿佛下一刻就可能开裂坍塌。我们的车艰难地往前移动，高楼矗立的东方市在颜色各异的汽车尾气中仿佛是电影里的布景。

和大多数巴西东南部人一样，阿力对友谊大桥有着特殊的记忆。1994 年的夏天，17 岁的他无比兴奋地和隔壁开服装店的阿姨坐长途大巴来到伊瓜苏，虽然不用花一分钱，但需要去桥对面的东方市进货。"我从来没觉得那么累过。"阿力望着车窗外提着大包小包、神情倦怠的行人们回忆道。他人生中的第一次旅行就以肩扛几十公斤的货物，往返友谊大桥数十回而告终。

不用出示护照，也没有任何的检查，我们的车就径直开进了巴拉圭境内。东方市比伊瓜苏嘈杂得多，到处都是巨型的广告牌，最新的数码产品印得有几层楼这么高，相比之下，红白蓝三色的巴拉

友谊大桥巴西一端的警察检查点

圭国旗反而像是狂欢节落幕后还来不及拆下的装饰，毫不起眼地竖立在海关边上的角落里。我们想要找一个地方停车，但只要一放慢车速，后面就立刻有人拍响喇叭。堆满球衣、仿名牌包等各式商品的临时摊位沿街摆放，这让原本就十分拥挤的桥头市场显得更加局促。在散发着野兽气味的大雨发起攻势之前，我们终于在一个商场的后门找到了一个露天停车场。

　　似乎没有人能看清这座边陲城市的真实身份，当新派爵士乐"波萨诺瓦"的风潮席卷里约的海滩时，东方市还只是一个被丛林紧紧包裹的落后城镇，但友谊大桥的横空问世让它注定有别于巴拉圭河沿岸的任何一片红壤土地。原来的"百合港"先是被改名为"特罗斯纳总统港",以凸显它在这个内陆国家的尊贵地位,而当1989年亲纳粹的斯特罗斯纳被军事政变赶下台后,它也随即被更名为"东方市",新的统治者甚至还举行了一场全民公投来体现这个决定的民主性。如今的东方市是巴拉圭第二大城市,和迈阿密、香港一同跻身全球三大自由贸易区。灯火通明的商场淹没在真伪难辨的香水味中,倒是和城市最初的名字非常相衬。

然而这一次,我们和许多身份模糊的巴西顾客一样,为另一种更抢手的"特产"而来:黑枪。

每当收看巴西的日常新闻,我都有一种生活在战乱地区的错觉。年轻的女孩在回家的路上因为一部手机被未成年歹徒射杀;由于导航仪失灵误入贫民窟的花甲夫妇遭到毒贩的疯狂扫射;持枪男子冲进电台直播间朝勇于揭露真相的记者连开三枪。一开始,我还会把这些血淋淋的报道单纯地归结为电视台在收视率上的压力,但事实上,只要整理出历年的凶杀人数,就会发现巴西的治安状况远远比初来乍到的外国人想象的要严峻得多。

自2011年叙利亚内战爆发以来,约有20万民众死于战争,而在2011年至2014年的四年时间里,全巴西死于凶杀的人数就达到21万,而其中超过70%都死于枪杀。根据联合国教科文组织与巴西政府合作推出的调研报告《暴力地图》,2012年全巴西共有56337人遭到谋杀,其中42416人死于枪杀,这相当于每天都有116人丧生于枪口之下。

然而讽刺的是,巴西是世界上枪支管控最为严格的国家之一,甚至可以追溯到久远的殖民地时期。1603年,宗主国葡萄牙颁布了著名的《菲利浦法令》,其中专门制定了关于殖民地居民拥有和携带枪支武器的条款，例如"日落后，严禁随身携带枪支，特别是猎枪、卡宾枪和手枪"。法令还以阶层高低为判断标准对枪支的拥有权进行了详细的划分，并且规定奴隶只有当主人在场或者批准的情况下才可以携带枪支。到了 18 世纪，葡萄牙王室又前后四次针对其美洲殖民地补充和强化了与枪支有关的法令，频率之高似乎可以窥见当时的统治者在枪支问题上的束手无策。即使当 1822 年巴西宣布脱离葡萄牙，成立巴西帝国，枪支问题也始终无法翻篇，年轻的佩德罗一世继续将更严格的控枪法令写进法律中。在接下来的将近两百年里，朝代更迭，但这一传统却完好无损地保留到今天。

根据目前巴西法律的规定，公民可合法拥有枪支，虽然获得持枪许可是一件非常困难的事，除了年龄需满 25 岁外，还有极其复杂和漫长的审核程序。如果非法持枪，可被判处 1—3 年的监禁和罚款。除此之外，巴西法律对"持有枪支"和"携带枪支"进行了严格的划分，除非获得联邦警察局的许可，公民不允许携带枪支至公共场合，即使枪支未上膛。违反者可被判处 2—4 年的徒刑和罚款，而且不允许保释。

令很多人怀疑的是，巴西的控枪法令似乎只防君子，不防歹徒。它让许多天赋异禀的射击爱好者放弃了这项运动，甚至危及到了射击项目在巴西的发展；而另一方面，真正穷凶极恶的犯罪分子视之如废纸，让立法者们颇能感受到先辈们的无奈。

巴西境内流动的枪支数量约为 1600 万支，其中约 760 万支是非法走私枪支，为犯罪分子所拥有。根据巴西司法部的调查，邻国巴拉圭是走私枪支的主要来源地，在各种耸人听闻的故事中，东方市藏匿着一个庞大而又零散的枪支黑市，买一把枪和买一部手机同样简单，有各种渠道可以绕过或者直接闯过形同虚设的巴西海关，然后通过陆路抵达巴西境内的任何一个地方。

在我的脑海中，仿佛打开了一份地图，时亮时灭的细小圆点是一把把枪的踪影，它们自西向东不断移动，仿佛受到某种磁力的吸引。我突然萌生了一种想法，我想要证实获得一把黑枪是否如传言中那么简单，而要实现这一点，似乎只有亲自去枪支黑市里一探究竟。

在那之前，我从来没有拍摄过任何暗访的题材，在我模糊的印象中，它总是同食品安全和非法医疗之类的揭黑报道相关，最明显的标志就是摇晃的镜头，采访对象的脸常常被画质不清的屏幕切去一部分。几年后的今天，当我回想当时的这个决定，依然觉得有些诧异。我知道一旦拍摄人员的身份被曝光，后果将是难以想象的，甚至可能有生命危险。但报道本身的价值将我心中的恐惧冲得一干二净，而似乎也是从那一次开始，我选择进入新闻事件的最核心，耳闻目击无论它是危险的，还是遥远的，并且一直延续到今天。我有些忐忑地把这个想法告诉阿力，没想到他毫不犹豫地答应了。

天空灰蒙蒙的，开始有雨点飘落下来。我和阿力走进桥头市场昏暗的巷子里，随处可见扛着牛皮纸箱的工人，他们娴熟地避过来往的行人，很快消失在电线缠绕的街角。一台台布满锈迹的空调机像肿瘤一样吸附在潮湿的建筑外墙上，和新旧难辨的脚手架抢夺着空间。这里在几十年前应该是一座山，几乎没有一条街是平的，我们上坡又下坡地兜了好几圈，脚都有些酸了，却连一家枪店都没有看到。

在我先前的想象中，桥头市场充斥着各式各样的枪店，枪贩们摆出烧鸭店的阵势把一把把枪陈列在最醒目的位置。然而现实却截然不同，这里更像是南方小城里破旧而又热闹的商业街。我们先是把附近的几个大商场里里外外排除了一番，然后再把街上的店铺也逛了个遍，但毫无收获。我开始怀疑枪支黑市或许只是谣言。街上有不少当地的导购，他们一次又一次地看见我和阿力两手空空地走来走去，便上前问我们是否需要帮助。为了谨慎行事，同时也因为有点难以开口，我们都摇头谢绝了。

回到巴西境内的时候天已经完全黑了，我和阿力有些沮丧。第二天一大早，我们就再次驱车前往友谊大桥。为了不在乌烟瘴气的车阵中浪费太多时间，我们学当地人把车停在岸边的一个停车场里，然后打了摩的去东方市。巴西人把摩的叫作"摩托男孩"，在圣保罗这样的大城市里，"摩托男孩"相当于快递，他们是这座"堵城"中唯一的例外，能够在长得看不见头的车流中穿行自如。这也是为什么家长们从小就教育孩子即使在等待红绿灯的时候，也不要随意打开车门。而在这座边境城市，摩的载人的功能尚未退化，并且成为很多人去巴拉圭采购的交通选择，不但快捷方便，也免去了在对岸城市寻找停车位的麻烦。

交通工具的改变似乎让我们对东方市有了新的视角，它仿佛从舞台上走下来，从而暴露在正常的天光中。"摩托男孩"把我们放在桥头市场的一个摩的停靠点，里面坐着五六个摩的司机，他们把印有编号的黄色安全帽挂在车镜上，又各自戴着一顶棒球帽，似乎即使只有几分钟的休息时间，也不能让头顶空着。也不过一天前，他们还如同褪色的家具，陷入城市的背景中，但这一刻，他们显得清晰极了。看见我们走上前，他们都站了起来。"我们需要买一些子弹，你们知道在哪里买吗?"我们轻声问道。几个人不作声，仿佛事先约定过似的转头看了看角落里的司机，他的脸红扑扑的，正在吸一小壶马黛茶。他镇定地引着我们往外走了几步，说这附近有好几家枪店，可以给我们地址。他说着一口流利的葡萄牙语，口音一点也不重。

其实，在交谈的当下，我们的隐形摄像头已经处在拍摄的阶段，它是阿力戴着的黑框眼镜，我总是心虚得觉得它看起有些可疑，但对方似乎完全没有察觉。"我可以帮你们把东西带去伊瓜苏。"他一边说一边四处张望，但并没有流露出紧张的神情。我们想知道如何收费，他问是付美元还是巴西雷亚尔。"按照惯例，如果是一把手枪外加两盒子弹的话，我们收 400 雷亚尔。"看见我们有些犹豫，他说根据情况可以便宜一点，但最少也要 300 雷亚尔。我们对安全性表示了担忧，他解释说巴西海关不会检查摩的，所以没有任何风险。不远处，两个身穿橄榄绿军服的巴拉圭警察正在指挥交通，但几辆脏兮兮的白色面包车已经在他们身后堵成一团。

我们照着摩的给的地址终于找到了一家枪店，它位于桥头市场一条偏僻的巷子里，如果没有当地人指路，我们肯定发现不了这个地点。店铺招牌上印着"打猎捕鱼"的字样，最上方还画上了三条鱼。店门口坐着一个人，长得像年轻版的马拉多纳，看上去应该是老板。"有点三八吗?"我们挑了一款最常见的左轮手枪型号问他，枪的发射口径为 0.38 英寸，所以被简称为点三八。在巴西犯罪组织的黑话里，它又被叫作"大八"，是里约军警在清剿贫民窟时最常截获的枪支类型。枪店老板点点头，他起身带我们往店里走。"是全新的还是旧的呢?"我们问。"是半新的。"他回答道。

　　店内两侧的玻璃柜里挂满了各式各样的猎枪,其中好几把都有着好看的木质枪身,有的还带有迷彩纹路。老板从柜台底下掏出了一把点三八,"你们看一下,这把枪要 1000 雷亚尔。"阿力接过枪,拿在手里摆弄了一会儿,我知道他正在用提前打开的隐形摄像头拍摄这个过程。我们故作随意地问要如何把枪带进巴西,但老板只是微微撇了撇嘴,低头做自己的事。我们又问了几个和卖枪相关的问题,但他仿佛都故意不予理睬。我开始有些紧张,心想是不是因为对方识破了我们的来历。店铺里正放着嘈杂的西班牙语广播,如同一股无形的力量把我们往外推。我们又故作镇定地打量了一小会儿

来自巴拉圭的黑枪和子弹

柜子里的枪，然后就离开了，直到离了很远后才敢回头。虽然弄不清缘由，但这一次的经历让我们意识到接下来需要更加谨慎，否则不但报道做不成，连小命都会赔进去。

我们在相隔几条街的地方找到了另一家枪店。这家店的门面很小，里面黑乎乎的，让我想起 20 世纪 90 年代那些散发着仓库气味的文具店，但一往里走，就会发现店铺很浅。右墙靠着一个一人多高的玻璃橱，里面挂满了步枪，大部分都是冰冷的黑色。手枪则陈列在角落的玻璃柜台，有的看起来非常粗犷，应该是警务人员使用的，而摆在最下层的手枪就秀气多了，仿佛可以藏进好莱坞黑白电影里女主角的手提包。我发现这些枪都是二手的，但新旧程度各不相同。

左侧柜台后站着一个五十多岁模样的巴拉圭人，看上去比第一家店的老板面善很多。他身后的柜子里极其整齐地摆放着一盒盒口径不同的子弹，我粗略地打量了一下，至少有数十种型号。店铺里除了我们之外，还有一对巴西父子，男孩看上去不过六七岁，不知道是因为第一次出国，还是因为有很多枪的缘故，他非常紧张地跟在父亲的身边。父亲正仔细地打量着手枪，并没有觉得当下的这个场景有任何不妥。

我们指了指柜台第一层的一把九毫米口径手枪，让老板取出来给我们展示一下。这种枪是里约贫民窟毒贩常用的武器，每逢清剿行动，军警总能搜查出几把这个型号的手枪。那位巴西父亲也让老板帮他拿出一把枪，他小心翼翼地用双手的指尖接过，生怕在枪上留下指纹。老板拿出一个计算器，先是按出美元的金额：1850 美元，然后再按出折合成巴西雷亚尔的金额。巴西父亲似乎嫌贵，就

暗访巴拉圭的枪支黑市

把枪放了回去。

"巴西来买的人多吗?"我们借机问道。老板用略带口音的葡萄牙语介绍说,客人们主要都是对岸的巴西人,很多人挑好枪后都会选择送货上门,只要交一点运费,就可以在伊瓜苏收货。我们问是不是用摩的送货,老板说不一定,有的时候也会让巴拉圭牌照的出租车送,根据枪的类型和数量而定。他看我们似乎有购买的意图,便很有耐心地展示了好几把其他型号的枪,并且强调只要时间充足,各种枪支都可以弄到。

根据巴拉圭针对武器管理而制定的"1910 号法令",枪支的销售和进出口都由军队下属的军用物资局管理。只有本国公民以及长期居住在巴拉圭的外国人才允许购买枪支,并且需要提供包括无犯罪证明等一系列的材料。然而事实证明,在巴拉圭第二大城市的东方市,只要拥有足够的现金,任何人都可以在极短的时间

暗访巴拉圭的枪支黑市

内买到枪，而枪支的来源和去处就更不会有人追究了。我们终于可以确定，从巴拉圭走私黑枪并非传言或者久远的历史，而是真真切切地发生在当下。

然而这只是我们此次暗访报道的开始，事实上，我和阿力谁都没有预料到，"寻枪"之旅比我们想象的要艰难得多。根据前一晚的约定，我们这一趟的首要任务是确定拍摄的枪店，而

暗访巴拉圭的枪支黑市

不是直接购买。这么做的目的是为了能事先熟悉拍摄场景和可能出现的暗访内容，相当于唯一的彩排，但更重要的是，我们对隐形摄像头的操作并不熟悉，所以需要利用这个机会试拍一次，才能更好地掌握拍摄机位和收声效果，毕竟交货的过程只会发生一次，好比一次现场直播。

虽然老板不断地给我们推荐其他的枪型，但我们还是选择了一把五成新的点三八，原因很简单：它是整个店铺里最便宜的一把枪，完成拍摄后我们就要把枪上交给巴西联邦警察。我们和老板约定明早再见，只见那把枪被重新锁进玻璃柜里，仿佛一条黑色的清道夫。

离开枪店后，我们立刻钻进了附近的一个小商场，在一个没有人的角落里关掉隐形摄像头，或许是拍摄太久的缘故，黑框眼镜已

经微微发烫。搭摩的回巴西的路上，或许是因为紧张的心情一下放松了下来，突然有一种闲暇无事时兜风的感觉。一对野生绿鹦鹉从桥顶飞过，在钻进巴拉那河边的树林前发出了几声撕纸声般的清脆鸣叫。我们盘算着明天拍完黑枪交易，在伊瓜苏收完货，就把枪上交了，这一趟湿漉漉的差也可以告一段落。

回到旅馆后，我做的第一件事就是小心翼翼地把指甲大小的记忆卡从眼镜里抠出来，然后把素材导到电脑里。文件夹里有好几个视频，我把它们逐一打开，前几个视频都只有几秒，是阿力在测试时拍下的，可以看见他瞪大双眼看着摄像头，过了几个视频，才看见"摩托男孩"们和我们交谈的画面。之后的一个视频里终于出现了第一家枪店，但当枪店老板出场的时候画面突然有些卡壳，他仿佛无时无刻都正盯着屏幕前的我，漠然的眼神里似乎夹带着不详的含义。然而当镜头即将转向玻璃柜里的猎枪时，视频突然结束了。

我连忙打开下一个视频，画面直接从阿力手握手枪的地方开始。或许是角度的问题，枪的镜头竟然只有一两秒，大部分都是柜台边缘和天花板的无效画面，摇晃得仿佛是一把处于拍摄状态的手机被塞进了塞满杂物的背包里。一顾莫名的烦躁从我的胸口升起，我打开文件夹里的最后一个视频，是一大段在混杂的人群中行走的画面，时不时拍到路上的垃圾。我强作镇定地把时间轴快拉了一下，但完全没有发现第二家枪店的踪影。

我感到头皮一阵发麻，连忙叫来隔壁房间的阿力。他怀疑电脑隐藏了一部分的视频，但把电脑检查了一通后，并没有任何变化。我们只好把手头的画面和在桥头市场一天下来的记忆进行对照，并且在房间里试验了一个多钟头，终于找出了问题的根源。根据说明书的操作指南，只要在显示灯的提示下长摁或短摁开关，摄像头就会进入和退出拍摄状态。然而一旦显示灯失常，拍摄者很难知道需要按流程继续操作，还是归零重启。这种质量堪忧，但却是当时市面上唯一销售的眼镜式隐藏摄像机没有蓝牙连接功能，无法通过智能手机控制拍摄。除此之外，我还发现每一段长视频都是 20 分钟，虽然记忆卡有一个小时的容量，但每当拍摄时间满 20 分钟，摄像机就会在自动生成一个视频后继续拍摄，但间隔的时间并不一定，这也是为什么两个相连的视频之间会出现画面的缺失。

即使到今天，我也依然无法解释清楚技术上的原因，但当时那种困惑混杂着懊恼的心情却始终无比清晰。我和阿力埋怨着任性的电子产品，但另一方面也意识到，由于掉以轻心，我们没有在出发前多加训练而发现问题，这或许才是真正的症结所在。

我和阿力捣弄着黑框眼镜一直到深夜，为了保险起见，我们翻出了另一个准备的隐形摄像机，它的摄像头藏在一颗黑色的纽扣里，之所以不是我们的首选，是因为携带起来有些麻烦，不但需要把它缝在一件宽松的衣服上，而且还要和其他扣子的颜色和大小相匹配，否则就如同一只在鸡群中徘徊的火烈鸟。我向旅馆前台借了针线，就着窗外的雨声缝起扣子来，心里默默地想为什么要自找苦吃，选择这么困难的选题。在当驻外记者的这些年里，几乎每个调查报道都曾让我感到身心皆受折磨，然而一回到家，做了几个重游旧地、焦虑重重的梦后，这种悔意就如同清晨时草地上的露水随着白昼的到来消失得一干二净。

§ § §

东方市的上空似乎总是游荡着一团乌云，它在上午累积能量，到了午后某个固定的时刻就开始下雨，仿佛是被设定好的程序。早上九点半，我们"全副武装"地回到了桥头市场，或许在身上藏了太多的设备，每一步都走得又累又沉。我和阿力约定在巷子的拐角把设备打开，争取在 20 分钟内拍完最主要的部分，也就是买枪的过程。在确定隐形摄像机的显示灯正常工作后，我们快步地向枪店走去。

然而一件在我们考虑之外的事情发生了，枪店竟然没有开门，紧闭的卷帘门外面还锁了一道锈迹斑斑的铁门。并非是由于我们来得过早，因为巷子里其他的店铺都已经开张了。难道是老板起晚了，又或者是他当天有事，所以暂停营业？各种念头在我们脑海中闪过，但此时此刻最迫切的就是马上找个地方把容量有限的隐形摄像机关掉。

我们转头往回走，却被身后一个声音叫住。只见枪店正对面的店铺里冒出一个脑袋，走近了看，发现竟然是枪店老板。他和前一天的打扮很不一样，穿着一件牛仔外套和一件牛仔裤，还把额头前的头发整整齐齐地向后梳，仿佛预感会上电视而精心整理过。他热情地招呼我们进店："再等一会儿伙计就来开门了。"一想到捉襟见肘的 20 分钟，我们不免犹豫了一下，但为了避免对方生疑，我们还是走了进去。这是一家床上用品商店，柜子里塞满了三件套和花花绿绿的毛毯，似乎下一秒就会被压塌。然而最引人注意的却是店里面的三个伙计，他们分别穿着不同款式的黄色、绿色和红色的衬衣，仿佛约定好似的。

原来枪店老板同时拥有这两家店，虽然销售的商品天差地别，但可以门对门地相互照应，反而让人有一种莫名的合理感。我们和老板解释说行程有些紧，无法停留太长的时间。他沉默了几秒钟后，压低音量说这家店有一把点三八，如果赶时间的话可以考虑。只见他对其中一个伙计使了个眼色，那个男孩绕到柜台另一端，从一堆枕巾里掏出一把银色的手枪。"你看这把枪多漂亮，而且性能好，大家都想要这么一把。"老板略带夸张地向我们推销道。阿力煞有介事地拿起枪试了试手感，我看出他特意把双臂张大了一点，好让缝在衬衣胸口位置的纽扣摄像头能够拍到。

老板要价 1600 雷亚尔，比我们前一天看中的枪贵了不少，但更重要的，我们希望拍摄到以枪店为背景的黑枪交易，这样才更有说服力。

但是拉美人颇具传染性的拖沓性格让我惶惶不安，他们嘴中信誓旦旦的五分钟至少要换算成半小时，而似乎连老板也拿不准枪店伙计何时会现身。就在我们无比为难之时，街上突然传来了"哐"的一声拉门声，一个留着黑色长发的女子正在打开枪店的铁门。我们终于松了一口气，仿佛赤脚穿过被太阳晒得滚烫的沙滩后终于踏入海水的那一刻。

枪店老板上前帮忙开门，他们有条不紊地清开了堵在店铺过道的几个移动式柜台，再把灯逐一打开。和我们等在店门口的还有一个巴西人，估计是我们在对面的商铺里试枪的时候到的，他长得颇像希区柯克的电影《后窗》里对妻子惨下毒手的中年男子，挺着一个肚子，时不时伸手看表，感觉比我们还着急。我想如果他不是身上也藏了一个令人捉摸不定的隐形摄像头的话，肯定有一个十万火急的用枪理由。

这时离启动拍摄已经过去了将近半个小时，这意味着无论如何，我们都需要在剩下的半个小时内，也就是记忆卡内存用完之前完成拍摄。

枪店老板从柜子里取出我们看中的那把点三八，但在快要递到阿力手中时突然停顿了一下，仰起头问："你们为什么不买子弹呢？"我们一时间愣住了，仿佛在预先设置的应急机制中并没有关于此项的自动回复。我们希望但又惧怕从他的眼神中读出更加具体的意思。这时，他慢悠悠地说道："一起买的话我可以打个折。"和任何一个商家一样，原来老板只是想要向我们推销更多的商品。子弹并没有在最初的购买计划中，但买枪不买子弹似乎有些不合情理。为了保证暗访的顺利进行，我们决定再买一盒子弹，这样下来总共的花费是 1200 雷亚尔。

我们把手中的钱算了好几遍，外人估计会以为我们不舍得这笔钱，然而这么做只是希望隐形摄像头不要错过印着石斑鱼的蓝色纸币。

揭露黑枪流入巴西的容易程度也是暗访报道的内容之一。我们要求枪店跨境送货，于是又付了 200 雷亚尔的交通费，送货地点约在旅馆附近的一个十字路口，时间是当天下午两点。我们故意流露出对黑枪能否安全过境的担忧，老板则轻描淡写地回答说："警察都睁一只眼，闭一只眼。"在他无法得到考证的解释中，巴西的部分边检警察长期收取巴拉圭黑帮的好处费，贿金甚至可以达到商品金额的一半。

同在枪店里的巴西男子一边试枪，一边竖着耳朵听，还时不时好奇地发问，但他似乎又非常防备我们，仿佛下定决心等我们离开后才会出钱买枪。

友谊大桥上一路畅通，但回到旅馆的时候也已经将近正午，我们饭也顾不上吃，急忙回房间检查拍摄素材。和我们料想的一样，在床上用品店试枪的部分拍得非常完整，虽然之后摄像机拍拍停停，但基本上记录下买枪的全程，就像一幅勾画好轮廓的写生，已经能够为观众拼接出故事的框架。遗憾的是，由于等待枪店开张耽搁了太长时间，在买枪后半段的一些关于送货的对话没有录进去。我又把纽扣摄像机的素材导入电脑中，失望地发现由于内存过小，只拍了二十多分钟，而且拍摄角度也没有黑框眼镜好。除了画面上的遗憾外，我们也高估了隐形摄像机的收音效果，只要说话声过高或者对方离得太近，就会出现奇怪的杂音，如同把单词敲碎后溶进蜜糖，再一把糊在耳朵里。

无论如何，与前一天相比，我们已经有了不少收获，但离完成报道还有一步之遥。我们提前十分钟赶到约定的取货地点，这里位于城市的入口处，除了呼啸而过的货车和旅游巴士外，很难看见行人。街角有一家中国餐厅，印着汉字的红色招牌仿佛一顶硕大的帽子扣在建筑上，反而有一种得州西部特有的荒凉感。

我看了一眼手机，此时两点刚过，但环顾四周，并没有看见其他人的踪影。只要想到有个陌生人正携带着一把枪正向我逼近，一丝紧张就如同生长中的青藤从喉咙里向外钻出。然而到了两点十五分，还是没有人出现，我渐渐地感觉到一种进退维谷的恐惧感，仿佛身后随时会冒出一个人给我一记裸绞。

就在这时，远处突然传来马达声，只见一辆摩托车出现在我们的视野里。司机戴着一顶安全帽，很难看清他的脸，我和阿力都绷紧了神经。

摩托车离我们越来越近，并且放慢下速度，然而正当我们准备招呼他时，却"轰"的一声径直从面前开过了。

到了两点三十分，我已经在心里设想过各种突发状况：交通堵塞导致延误，记错了取货的地点或者时间，黑枪在过境时被警察查出……而在所有的可能性中，最糟糕的下场就是枪店老板识破了我们的计谋，不但把钱吞掉，而且还找人来报复我们。我很想向阿力倾诉这种焦虑，但还是忍住了，仿佛担心话一旦说出口后就会变成事实。不知为什么，我突然希望再也不用见到那把枪，就像一个站在薄冰上遥遥无期地等待鱼上钩的人，一心只想回到坚实的陆地。

离约定的时间已经过去了45分钟，我和阿力终于接受了这么一个意料之外的结果，万万没想到会在这一步失手。考虑到可能出现的危险，我们也没有勇气回枪店理论。正当我们准备离开时，一辆车突然出现在我们面前，在确定了我们的身份后，递出一个黑色的塑料袋，然后就一溜烟开走了。我不想当场打开看，只是掂了掂，瞬间一股毫无生气的沉重感像电流一般传导到手中。我们把整个袋子扔进书包里，急匆匆地离开了。回旅馆的路上，我一直在想，如果我们没有等足这相当于整整一堂课的时间，这把枪的命运会是如何。我们没有留下联络方式,那么送货司机会将它带回东方市,还是捎给巴西境内的某个无名买家。或许,看似巧合的延误实际上是针对外地顾客再平常不过的行规。

把旅馆房间的门锁好,拉紧窗帘后,我们打开了塑料袋。枪店老板分别把枪和子弹都裹上一层包装纸,然后又贴上黑色的胶布,我找阿力借了把小军刀才好不容易割开了包裹。虽然早已知道里面藏着什么,但黑色枪身露出的那一刻,我还是微微吃了一惊。枪握把上的菱形花纹已经变得很浅,透露出它纠葛的身世。我无法判断出枪的出厂时间,但它隐约闪烁着一道似有似无的幽光,倒像是一位千帆阅尽的长者欲言又止的眼神。

枪上唯一的彩色部分是一个小红圈,我拿近了看,发现圆圈中心是一对牛角的图案,周围刻着拉丁单词"金牛"。金牛公司其实是巴西一家历史悠久的枪械制造商,这意味着这把从东方市买来的黑枪最早是在巴西生产,然后通过某种方式抵达巴拉圭,并最终流回巴西。如此错综复杂的命运让我有些困惑,但事实上,只要以"枪"为关键词在巴西近现代史里觅迹寻踪,就会发现它其实再合理不过。

巴西是全球第四大轻兵器出口国,每年创收超过 3 亿美元,其中三分之一贴有"巴西制造"标签的枪支和弹药销往中东,在"阿拉伯之春"和也门内战中扮演着颇受争议的角色。然而这个兵工大国自身却仿佛受到了上天的眷顾,在过去的一百年里从未受过战火的染指,最近一次发生在本土的战争要追溯至 1864 年的巴拉圭战争,而最后一次参与战争也已经是 70 年前远隔重洋的二战意大利战场。尽管如此,历任巴西政府似乎都对利润颇高的兵工业格外青睐。

如同这个大陆国家的各种繁枝细节总能追根到热图利奥·瓦加斯身上，兵工行业也不例外，虽然这位巴西历史上任期时间最长的总统最终是用一枚子弹结束了自己的生命。在瓦加斯1930年通过军事政变一气赶走两位总统之前，咖啡一直是巴西的经济支柱，而其他工业产品，从家电到马桶，都需要依靠进口。然而1929年的全球经济危机一锥一锤地敲碎了咖啡富国的美梦，巴西的咖啡出口量逐年下降，与此同时，来自欧美的工业产品随着二战的爆发开始减产。为了让国家拥有更大的自主权，同时警惕另一次世界大战的降临，瓦加斯率先推行了"进口替代"发展政策，大力推动工业化进程，试图改变巴西的经济发展模式。

金牛公司就是在"工业第一"的口号声中诞生的，它的发家史是巴西兵工企业发展的缩影。1939年，六个好朋友在瓦加斯的老家，当时生产力最发达的南大河州共同创办了一家炼铁厂，取名"金牛"是为了取其"强大，安全，勤奋工作"的寓意，似乎也能暗示创始人的农牧业背景。和同期的大多数工厂一样，金牛厂最早使用的也是德国机器，因为20世纪30年代的巴西深受纳粹势力渗透，拥有欧洲本土之外最多的纳粹党员。即使在岌岌可危的1938年，巴西还与生产大炮出名的德国军火公司克虏伯签订了一单价值高达5500万美元的军事订货合同。

二战的爆发让德国无暇自顾，战事的升级更是让石油和铁成为稀缺资源，处于起步阶段的金牛厂陷入了"无米之炊"的困局中。或许是继承了潘帕斯草原上高乔民族的勇敢和拼搏，"六兄弟"自主制造机器，打造气化炉，并且通过收集大量废铁，勉强维持住生产线的运作。1945 年反法西斯战争的胜利让巴西的商品进口逐渐恢复常态，却也给"国货"的销售带来不小的压力。在新形势下，这只"金牛"再次作出高瞻远瞩的决定，它毅然投身左轮手枪以及其他手用工具的制造，并在几年后正式成立公司，铆足全力地接住了枪支市场非常兴盛的 20 世纪 50 年代。

金牛公司的命运似乎注定充满变数，1965 年巴西军政府上台后，对枪支在国内的销售制定了极其严格的管控条例，这迫使当时完全不具有出口实力的金牛公司跳入海外市场的大池塘，和一众实力雄厚的国际品牌并驱争先。金牛先是将股份转至一家外企，之后又和一家英国铁材公司合并，直到军事独裁日渐式微时，它才重新变身为巴西公司，并从 20 世纪 80 年代开始不断收购其他兵工企业，并历史性地在海外成立分公司，这不仅拓宽了原有的产品领域，而且向海外市场迈出了关键性的一步。

然而现在看来，真正让"金牛制造"走向海外的其实是巴西在 2003 年通过的"枪支管制规约"，正是这项法令规定只有军队和警察等职业允许配枪，将公民携带枪支的可能性降为零。于是，除了隶属国防部的巴西军用物资工业公司受到的波动相对较小外，以金牛公司领衔的巴西兵工民企只好将主要销售目标转向海外。

如今，金牛公司已经是全拉美最大的武器制造商，产品销往全球 70 多个国家。在美国，平均每五把新购买的左轮手枪中，就有一把是"金牛制造"。根据巴西国防材料工业协会的数据，巴西平均每年生产约 30 万件武器，其中 80% 用于出口。与此同时，另一个相同百分比的数据也浮出水面。巴西著名非政府组织"里约万岁"在经过长期追踪后发现，在巴西，80%被警察缴获的枪支都为本国制造。这意味着目前流动在巴西国内的非法枪支主要分为两种来源：巴西制造的枪支出口后又走私回巴西；部分警察将枪支贩卖给犯罪集团。

我和阿力亲身验证了走私黑枪的容易程度，只要有足够的现金，就能够在极短的时间内获得一把手枪。即使毫无经验的我们都能够做到，更不用说驾轻就熟、早有明渠暗道的犯罪组织或者一时在恶念中迷失的普通人。根据巴西司法部与"里约万岁"共同合作的调查报告，在巴西长达 1.7 万公里的陆地边境线上，至少有 140 个地点长期以来都是走私黑枪的入口，而伊瓜苏已经是其中边检最为严格、警力最为充沛的城市了。

事实上，获得一把黑枪不一定需要过境。我搜索到好几个带有葡萄牙语标识的巴拉圭网站，上面有各种枪支的照片和价格，并留有商家的手机号码和电子邮箱。几乎所有的网站都用黑体字标注着"商品可邮递至巴西的任何地方"，根据描述，为了避开海关对跨国包裹的例行检查，所有的包裹都是从巴西境内寄出。在正常情况下，商品将在四天到八天内到达。

早在 2010 年，巴西官方就已经意识到通过邮递方式运送毒品和枪支的现象。在与巴拉圭相邻的 50 多个城镇，联邦税务总局要求邮局工作人员亲眼确认邮递物件，而在黑枪和毒品走私的重灾区伊瓜苏和瓜伊拉，寄发人还需要留下自己的身份证号和税号。然而我对这些规定的落实情况抱着极大的怀疑，在以治安状况良好闻名的巴西南部城市弗洛里亚诺波利斯，包裹配发中心平均每年都会抽查出数十把枪支，其中大多数都是从巴拉那州发出的。在里约奥运会举办前夕，巴西警方就是因为发现有人试图在巴拉圭的购枪网站上购买 AK-47 步枪和弹药，才追踪到疑似恐怖组织的足迹。

另一部分黑枪则省去了如此曲折漫长的旅程，它们是直接由腐败的警察卖给贩毒集团的。在巴西，各个种类的警察都无法与之撇清关系，甚至包括以打击贫民窟毒贩为目标的里约精英部队。2015年，巴西联邦公共部指控精英部队的四名警官把在清剿行动中截获的枪支卖给毒贩，并每周向贩毒集团收取"保护费"。而在另一个无论是地理上，还是内容上都非常相近的案件中，军警与毒贩的通话被录音下来。"可以分三次付款吗?"毒贩问。军警回答道:"兄弟，这件事牵连到很多人，有 14 个人。"

民众对警察的不信任感直接体现在巴西近 20 年来唯一的一场全民公投上。2005 年，在巴西人引以为豪的国产电子投票器上，出现了这么一个问句:"在巴西，枪支弹药的销售应该被禁止吗?"出人意料的是，63.94% 的选民反对禁枪令，而且在所有 26 个州和巴西利亚联邦区，反对票都处于领先地位。大部分选民认为，禁枪令并不能截断黑枪的来源，它只会让公民在歹徒和动机难辨的警察面前更加孤立无援。

为了给这把即将上交给警察的左轮手枪拍摄一组空镜头，我把它斜靠在桌角的墙面上，然后再让一枚枚子弹像多米诺骨牌一样竖立在周围。在打开摄像灯的一瞬间，昏暗中突然崩裂出无数道金光，如同一个悬挂在空中的舞台，而处于中央位置的点三八反而显得有些模糊。

来自巴拉圭的黑枪

§　§　§

　　太阳已经落入林间，天空蜕变成淡紫色，仿佛在与黑暗做最后一丝挣扎。我们开了 30 分钟车去阿根廷境内的伊瓜苏港吃晚饭，有庆祝报道完成的意思，而且那里的物价也比巴西更低。和友谊大桥相比，连接巴西和阿根廷的手足大桥显得非常冷清，仿佛是淡季时影视城里的一个取景点。桥的正中是国界线，靠近巴西一端的桥栏涂着黄绿色，另一端则自然是象征阿根廷国旗的蓝白色。下桥后没多久，一座灯火闪耀的免税商场出现在路旁，虽然地处偏远，但名气却不小，被大瀑布溅湿的巴西游客总会顺道来这里选购香水和头戴式耳机。

和巴西境内车水马龙的伊瓜苏相比，伊瓜苏港更像是一座朴实的村庄，赤红色的土路让人误以为开进了死胡同，但棕褐色的老宅间总会及时闪现出新的方向。虽然天气有些凉，我们还是选择了烤肉店的露天座位。想起过去几天经历的事情，我和阿力都有不少感触。我们设想着这个报道如果是纸媒或者广播媒体来做，显然会更安全，操作起来也容易得多，也不会受到器材上的局限。然而作为电视记者，如果没有亲手拍摄到相应的视频画面，即使真实地发生在眼前，也只能口说无凭。在这一点上，我时常会羡慕文字记者，但换一个角度看，在调查类报道上，一旦捕捉到画面，它所带来的震撼度也是文字报道无法比拟的。我似乎是在这种遗憾而又自足的复杂情绪中踩着一条又一条的报道渡河。

我们已经获得足够用以编辑的视频素材，但我依然无法完全放松，因为有一部分采访并没有完整地录进去。一次又一次地往返伊瓜苏和东方市之间已经让我筋疲力尽，甚至有点反胃，但有一个念头从我心底慢慢地浮升。等到晚饭快吃完的时候，我问阿力愿不愿意再去一趟枪店。"你要再买一把枪吗？"阿力有些吃惊地问。我解释说这一次不用真的买，只需要借口帮感兴趣的朋友看货，或许就可以再让枪店老板开口。阿力眨了眨眼，似乎对这个主意颇有兴趣，他一直以来都是一个颇有斗志的工作伙伴。我们最终决定第二天早上再去一次枪店，那一瞬间，我反而觉得心情轻松了许多。

枪店老板再次看见我们的时候有些惊讶，他正在接待其他的客人，但时不时推了推鼻梁上的老花镜，朝我们的方向瞄几眼。阿力解释了我们返回这里的原因，并且和前几次一样，装出仔细挑选枪支的样子。实际上，我们已经不需要更多枪支的画面，唯一要做的，就是让枪店老板再重复一遍他已经和我们说过好几次的话，例如"买枪的人大部分都来自另一边的巴西"，或者再像我们描述一次送货上门的服务。

阿力问了柜子里一把单管猎枪的价格。"那一把要 1200 美元。"老板的回答非常简短，全然没有前几天的殷勤。为了掩盖些许的尴尬，阿力机智地继续问："这种长枪也可以送货吗？"老板终于暂时停下了手头的活儿，说这种枪可以拆成好几个单件，也可以送货到巴西，当然费用就比左轮手枪贵许多。然而这是那一天枪店老板对我们说过最长的话，接下来无论我们问什么问题，他都只回答"是"或者"不是"，反而让我们的问题显得冗长和可疑。

我开始担心他是否早已识破我们，虽然我和阿力约定从不在巴拉圭境内拿出摄像机和三脚架，而且在伊瓜苏也尽量低调，在旅馆登记簿上也故意填成"商人"，但也许在跟拍联邦公路警察的某个时刻，已经被某个过路的巴拉圭摩的或者黑帮的眼线给记下来了。

"你们之前不是问过了吗？"枪店老板仿佛也受不了这样的明知故问，随口抱怨道。我和阿力互看了一眼，似乎都意识到如果再不撤退，就实在不够理智，如同一个站在悬崖边上的人不顾一切地往前走。临走前，我们说下周也许会带朋友亲自来这里选购。"好运常在。"枪店老板和我们道别，嘴角露出了一丝似有似无的笑意。

再次穿梭在桥头市场，我突然有一种闯进大巴扎的错觉，铺天盖地的商品犹如巨浪般袭来，然而那些真正被人觊觎的永远被藏在阿拉丁洞穴的最深处，自古以来从未改变。东方市是全拉美最大的穆斯林居住点之一，超过两万名中东移民在这里经商和生活，其中大部分来自黎巴嫩和叙利亚。城里有三座清真寺，好几所伊斯兰学校，当地的电视至少可以接收到四个阿拉伯语频道。从 20 世纪 90 年代开始，美国和阿根廷的情报机构就坚称东方市是中东多个恐怖组织的避风港，自贸区的身份是资金筹集和洗钱活动最好的遮掩。当"9·11"事件发生后，各国情报人员云集东方市，让它颇有几分南美"卡萨布兰卡"的风采。一名资深的阿根廷情报官曾经向媒体抱怨说，从美国中情局，到以色列摩萨德，再到法国总参二局，上街买个菜都会不小心撞到好几个外国间谍。巴拉圭媒体甚至称在离东方市不远的一片丛林里，就有恐怖分子的训练基地。

阿根廷的介入可以理解，它是边境三国中唯一受到过恐怖袭击的国家。1992 年 3 月，一辆装有数百公斤炸药的卡车在闯入以色列驻阿根廷使馆后引爆，共造成 29 人死亡，242 人受伤，一个名为"伊斯兰圣战"的组织宣布对该起自杀性袭击负责。短短两年后，一个位于布宜诺斯艾利斯的犹太社区发生爆炸，86 人命丧黄泉，这是二战结束以来最严重的反犹袭击。在 2015 年离奇身亡的阿根廷检察官尼斯曼在经过长达 20 年的调查后指出，参与此次爆炸的人员中至少有四名曾经在伊瓜苏生活或者停留。

然而巴西和巴拉圭官方对这样的指控一直抱着摇摆不定的态度，他们呼吁同行们能够拿出更多的证据。根据"维基解密"曝光的一份美国驻巴西使馆在 2008 年发出的密电，美国国务院曾希望与巴西政府联合追踪穆斯林社区中的极端分子，但被时任巴西总统卢拉拒绝了。东方市的穆斯林社区代表坚决否定"恐怖组织后院"的说法，强调这是对阿拉伯移民的歧视。"你是一个黎巴嫩人，并不意味着你就和真主党有牵连。"

　　我想象着从清真寺的白色高塔上向外眺望，象征国界的河流在视野中消失，三座城市如同玛雅金字塔般矗立在一大片雾气缭绕的绿色中。

　　此后，我再也没有回过东方市。

第 ⑤ 章

　　整整一个世纪后，贫民窟在城市中扮演的角色不但没有改变，戏份反而更重了。根据巴西地理统计研究院的数据，里约的贫民窟居民数量为 139 万，占总人口的 22%，相当于平均每五个里约人中就有一个人住在贫民窟。

　　2 月的里约像是一盆红光喷溅的木炭，正午刚过，炙热的日光仿佛一头野兽，正在吮吸人身体内的所有水分。我头戴的防弹头盔偏大，只要一走动，就重重地扣在眉头上。一开始我还时不时调整一下，后来就索性放低视线。突然间，我发现路的中央有一双印着卡通图样的人字拖，旁边有一枚和小拇指一样长的弹壳。我急忙抬头呼喊阿力，只见他手举摄像机，一脸不解地看着我。我停顿了片刻，才发现离我们几步之遥的地方躺着一具尸体。我不由自主地往前走了几步，那是一个中年男子，身上穿着一件桑巴学校发给会员的彩色背心，但整件衣服已经被翻到了胸口，脚上套着一双崭新得有些刺眼的运动鞋。他脸朝上，四肢摊开，脑后有一大摊血。我竟然没有感到一丝恐惧，而是觉得非常困惑。

　　这里是位于里约北区的阿卡立贫民窟，尘土飞扬的巴西大道从它的南边轻轻擦过。"阿卡立"在图皮语里的意思是"随处可见神仙鱼的小河"，但即使对于第一批居住在这里的白人来说，都如同远古的传说。在 1875 年为配合里约用水工程而建设的金河铁路通车之前，这里一直是人烟稀少的甘蔗园，火车的经过让它成为竞相追捧的定居点。一百多年后，这样的好运气又给阿卡立撞上了。1998 年，里约市政府决定沿用金河铁路原来的路线延长地铁 2 号线，甚至在这里建了地铁站。

然而引领我们来到阿卡立贫民窟的并非便捷的交通，而是一条新闻广播。自从 2011 年搬来巴西以后，我就一直希望能够近距离记录里约的贫民窟清剿行动。每次向里约州安全厅发出采访申请后，对方都欣然批准，然而到了现场后，才发现他们不过是用日常巡逻来搪塞外国记者。警方通常会选择设有警察维和所，治安相对良好的贫民窟，比如竖立着迈克·杰克逊雕像，游人如织的圣玛尔塔贫民窟，或者是已经成为时尚拍摄地新宠的维迪加尔贫民窟。军警们先是带着媒体在贫民窟里的主要通道上兜一圈，然后再和坐在家门口乘凉的居民聊会儿天，如果碰到小孩，一定会弯下腰摸一摸他们的脑袋，这是标准动作之一。最终，外国记者们在"贫民窟被妖魔化了，并不像外界描述的那么乱"的结论中满意离开，军警们的任务也圆满完成。

经历过几次教训后，我决定直接申请拍摄里约精英部队的清剿行动。里约精英部队的全名其实是"里约特别警察行动营"，在葡萄牙语里的缩写是 BOPE。他们的作战经验极其丰富，特别是针对贫民窟毒贩的巷战，连美国的特种部队也千里迢迢地来这里取经。外界之所以习惯称他们为"精英部队"，完全是因为 2007 年上映的一部红透全球的同名大片。这部电影不仅捧红了"巴西梁朝伟"瓦格纳·茅拉，更是让很多人第一次认识了这支神秘的队伍。然而申请发出去一个多月，安全厅都没有任何回复。我们打了好几个电话去询问情况，但对方总是说对接的新闻官正在休假或者在接受某种了无音讯的封闭式培训。

虽然我认为这不过是安全厅的托词，但同时又可以理解他们的心情。精英部队的清剿行动通常都是保密的，具体日程不宜透露给外人。除此之外，携带记者参与清剿存在很大的安全隐患，因为手无寸铁的媒体很容易在枪战中误伤。在接二连三的流血事件中，最严重的是 2011 年巴西旗手电视台的一名摄像记者在拍摄军警行动时被毒贩枪击身亡。当天，军警在进入贫民窟时遭到贩毒集团的突袭，46 岁的多明戈斯藏在一名军警身后，但一枚来自毒贩的步枪子弹轻易击穿了他的防弹背心。我依然记得电视上不停地滚动着多明戈斯在被击中前拍摄的视频，画面中是一栋绿植环绕的普通民居，但提前揭晓的结局让表象上的安详显得尤为恐惧。

最终，我们采取了一种最笨拙，或许也是最有效的方法，那就是通过电台广播来追踪警方的行踪。在里约生活过的人或许最感同身受，每当坐进出租车，都能听见电台播报员在播送着里约警方清剿贫民窟的动态消息，频繁得如同北京广播里的卖药广告。所以在里约出差的那段时间，我们在车上放了两套防弹装备，只要在广播里听到新闻，就立刻前往当地。有一天早上，我们正行驶在里约西区的路上，广播里突然传出一条新闻："精英部队正在进入阿卡立贫民窟，现场传出交火声，但尚无伤亡消息。"

半个小时后，我们就赶到了阿卡立贫民窟，然而这里的城区布局错综复杂，而且有好几个入口，分别通向贫民窟的不同位置，如果贸然进入，很有可能落入警匪交火的前线。正当踟蹰不前时，我发现不远处的一家医院门前停着一辆警车，车旁有两个全副武装的军警来回踱步。"警察先生们，清剿行动结束了吗？"我上前问，并

阿卡立贫民窟的警察行动

说明了自己的来历。他们瞅了我一眼，脸上似乎闪过一丝讶异，但很快就消失在被晒得黝黑发硬的两颊中。"我们被要求守在这里，不清楚里面的情况。"他们回答道。医院人进人出，但我很怀疑中了枪伤的毒贩会混进就医的病患中。

我们决定在这里稍作停留，希望不久后会有其他的军警前来会合。我从后备箱中取出防弹衣和防弹头盔放在前座上，做好随时需要使用的准备。然而过了十分钟，四周依然一片平静，我们反倒像是邪恶的反派人物，希望混乱尽快降临。正当我为自己的想法感到有些内疚时，眼尖的司机突然发现一辆"骷髅头"快速地沿主路开过，等我反应过来时，它已经消失在路的拐角。

"骷髅头"其实是里约警方使用的一种装甲运兵车，里约人之所以给它起了这么个外号，是因为黑色的车身上印着精英部队的标志：一个被匕首刺穿的骷髅头。很多人误以为它是一种改良过的坦克，但实际上车本身并没有攻击性，虽然抵挡得了狙击步枪、手榴弹，甚至轻型高炮，但最主要的功能是把成批的军警快速安全地送到前线。最早使用这种运兵车的是 20 世纪 40 年代的南非，那时候漫长的种族隔离时期刚刚开始，但一直到贫民窟贩毒集团最为嚣张的 2002 年，"骷髅头"才第一次在里约出现。里约州政府骄傲地宣称"骷髅头"的出现让军警的伤亡率降低了一半，但贫民窟居民却对这种横冲直撞的怪物敬而远之。每当家中的小孩大声吵闹的时候，大人们总会吓唬说"骷髅头"来了。

然而对此刻的我们来说，"骷髅头"的出现如同大漠中的绿洲，它意味着清剿行动不但没有结束，而且还需要更多的援兵。正当我们犹豫着是否赶得上时，另一辆"骷髅头"出现了。我们的司机猛踩一脚油门，一秒不差地追了上去，这种决断让我很是佩服。

虽然一辆"骷髅头"的重量相当于一头成年非洲象，但无论是上坡，还是转弯，它都显得非常轻松，让紧跟其后的我们气喘如牛。最后，"骷髅头"停在了一个隶属民警部门的警察局前。冷气十足的接待大厅里一片喧哗，穿着朴素、前来办理业务的普通居民和右腿上插着九毫米手枪的军警交错在一起，一扇标有"闲人免进"字样的门不停地被推开又合上，如同停泊的小船随着潮水磕碰着码头的木桩。

我们直接找到当班的警察局长，他看上去三十出头，蓄着时髦的络腮胡，身穿 T 恤衫和牛仔裤，悬挂在胸口的金色徽章显露出特定的身份。在巴西，"警察局长"是一个公开招考的公务员职位，它曾经是一个人人向往的金饭碗，无论是地位还是薪酬甚至一度超过了法官和检察官。可如今这份光环已经暗淡，一名警察局长的月薪只有联邦法院一名司法分析师的三分之一，这让许多志怀高远的法律系高才生还来不及除暴安良就陷入了养家糊口的重压中。

在倾听了我们的诉求后，警察局长思索了片刻，同意了我们陪同拍摄，但他一再强调这是"默许"而非"批准"，因此警方没有义务保证我们的安全，如果发生意外，也由我们自己负责。我隐约觉得他在内心深处其实希望有第三方在场，见证这份平常却又危险的工作，以此获得某种形式的认同感。真正给我们放行的，或许是这位年轻警察局长的赤子之心。

为大部队开道的是"骷髅头"，里面塞满了十几个全副武装的特警队员。我想象着各种气味在这个狭小闷热的空间中混合蒸腾，火药味，铁锈味，汗味，似乎随时都有可能炸裂开来。几辆皮卡跟在后头，为了防止我们遭到攻击或者在加速行驶中落后，警员们让一辆皮卡跟在我们车后。根据我获得的消息，一支警力已经在精英部队的协助下从另一个方向进入阿卡立贫民窟，而我们陪同的这群人是向前方派去的增援。精英部队隶属里约军警，而特警则由里约民警管辖，虽然来自不同的部门，但他们常常在清剿行动中相互配合。

正当我尝试在一片混乱中理清头绪时，耳边突然响起两声巨大的枪声，我不禁打了个哆嗦，胡乱抓住车顶棚上的内拉手。透过前窗玻璃，可以看见一个狙击手正站在车前的皮卡后斗上，手里举着一把步枪。正是他向一栋建筑的上空开的枪，应该是看到可疑的人物，因为贩毒集团的哨兵常常腰间插着手枪和对讲机在屋顶放风。我连忙问阿力有没有录到枪声，他摇摇头，"发生得太突然了"。没过一会儿，狙击手冷不防地又开了一枪，但我们还是错过了。

车队开到了一片空地，似乎车轮都还在滑动中，所有的警员都已经跳下车，并且开始往前跑。坐在副驾驶座的阿力也拿着摄像机跟着下车，一转眼就消失在我的视线中。空地和对面的民居隔着一条水渠，渠上有一座小桥，只见几个特警已经持枪守卫在桥对面的街角，而其他的警员正迅速过桥。"快跑过去。"我身旁的一个警员对我喊道，"这里视野开阔，没有掩护，非常不安全。"我感觉胸口被瞬间抽空一样，呼吸急促，但同时又觉得当下有很多画面都值得记录。我迅速打量四周，但根本看不见阿力的身影。后来我才知道，阿力已经和特警们冲到最前面，和后面的我们隔着一段距离，所以他只能继续跟着走，无法独自回头。

街道逐渐变窄，眼前的路很快就变成了几条蜿蜒的小巷。每到一个拐角，特警队员都会先上前排除险情，然后我们弯着腰，一个接一个地从他的步枪下跑过。途经的民居大多铁门紧闭，人们似乎都意识到，在错误的时间出现在错误的地点，将引来杀身之祸。我隐约有些担心，因为我和阿力的防弹背心是黑色的，从远处看，似乎无法和警察区分开来，虽然毒贩并不会因为我们是记者而心生怜悯。

和我们同行的人中，有两三个警员穿着便服，也没有防弹背心，但手上都握着突击步枪，仿佛上一刻还在厨房里煮咖啡，或者被报纸上的漫画逗乐，下一刻就随手拎上一支 AK-47，跑到几步之遥的前线。或许正因为这样，无论是警察，还是毒贩，最常挂在他们嘴边的一句话总是："里约正在遭遇一场战争。"

正当我若有所思时，贫民窟深处传来密集的枪声。

被精英部队击毙的毒贩

　　气温不断升高，中年男子的尸体仿佛被一团深红色的糨糊紧紧粘在地面上，他的皮肤开始发青，散发出阵阵恶臭。围观的人渐渐多了起来，警员们不知从哪里找来一块蓝布，盖在他身上。

　　根据警方的说法，当他们进入这个区域时，突然遭到毒贩的袭击，这名男子是其中一个，被特警击中后死亡，他的同伙虽然中弹，但侥幸逃脱了。我想起那双无人认领的人字拖，应该就是他在仓皇逃窜时遗落的。巴西人权机构常常指责里约警方在误伤平民后谎称其为毒贩，以逃避责任。但这一次，看不见哭诉的家属，过往的本地居民朝巷口里探了一眼后就漠然离开了，似乎对这样的景象早有预感。巷尾有一个妇人把门推开了一个缝隙，但一看见我，就又把门关上了。我试着和周围的居民搭话，但嘴都还没张，他们就抢着说"我什么都不知道"，而如果举起摄像机，人们就像看见瘟疫似的捂着脸闪开。我并不觉得尴尬，他们的自然反应已经是一种回答，这种沉默和逃避胜过任何言语。

"这里，看这里。"我突然听见有人轻轻地喊着。我抬头看，是一个棕色皮肤的女孩，看上去只有十二三岁，她坐在用水泥随意糊成的天台上，向我摇了摇手。"你是哪国人？"她好奇而友善地问。虽然巴西最大城市圣保罗生活着大量亚裔，但在其他地区，黄皮肤黑头发的亚洲人非常少见。有一年我在巴西东北部内陆报道旱灾，就有一些农民用手机拍下我的大头照，说要拿去给家人看。我耐心地回答了女孩的几个问题，眼睛余光发现阿力此刻已经将摄像机对准我们，而我胸口的麦克风也一直处于录音的状态。

"你认识地上那个人吗？"我问。她毫不犹豫地点点头。"他叫什么名字？"她瞄了一眼身后，小声地说："他叫拉斐尔。"这时候，一个小男孩出现在天台上，他光着膀子，脖子上戴着一条细细的金链子，应该是女孩的弟弟。"他住在附近吗？"我继续问。"他住在对面。"女孩指着一户民居说，但身旁的男孩马上将她的手挡住。"不要说。"男孩一脸惊慌。"你们听见枪声了吗？"我问他们俩。女孩把头埋在胳膊里，轻微地点了点头，男孩则装作没听见。天台深处传来大人的喊声，一个染着红色短发的老太太走到两个孩子身边。"我们什么都没听到，我们刚才都在休息。"她比了一个睡觉的手势，然后把孩子都拉进里屋。

如果说从"家庭式作坊"转变为"企业管理制度"是拉美贩毒集团在过去20多年中最显著的发展趋势，那么阿卡立贫民窟一定走在这股潮流的最前端。早在20世纪80年代，当时的毒贩头目达西·达席尔瓦就已经尝试在毒品交易中加入先进的经营模式，包括使用轮值制度，每周更换"值班经理"。绰号为"CY"的达西是里约毒贩圈的一位传奇性人物，他主动接触哥伦比亚和玻利维亚的贩毒集团，从此巩固住可卡因和枪支的来源渠道。在他的领导下，阿卡立贫民窟很快就成为里约毒品的货仓，即使在今天，里约的很多毒贩都得来这里拿货。

20 世纪 80 年代末，达西被捕入狱，在九年的时间里，他被多次转狱。1998 年，达西刑满释放，然而一年后，他的尸体在一辆小汽车里被发现。虽然阿卡立贫民窟几经易主，但达西定下的规矩却几乎没有改变。最顶层的几位大佬从不亲自操刀，他们把具体的业务分配给 15 个"经理"负责，每人当班两天。除此之外，这群毒贩还颇具创意地制定了一套"退休机制"：一旦为贩毒集团效力达到指定的期限，就可以申请退休，并领取"退休金"。因此一些名震一时的毒贩在金盆洗手后，拿着一大笔钱前往他乡购房置业，做起了生意人。

如今的阿卡立贫民窟属于里约第二大贩毒集团"纯第三司令部"的势力范围，和同行们招摇过市的行事作风相比，这里的毒贩头目相对低调，虽然武器装备颇具实力，但他们极力避免与敌对帮派发生火拼，并为许多受警方通缉的罪犯提供庇护。然而这并没有给阿卡立带来丝毫安宁，军警的突击清剿更加频繁，普通居民常常被迫为毒贩提供藏身之处，仿佛往床底塞进一颗随时可能被引爆的炸弹。

警局向现场派来了更多的警员，他们把守在巷子的两端，不允许任何无关的人经过。"这是为了防止毒贩突然反攻。"我身旁的特警说。他恶狠狠地盯着四周，握枪的姿势几乎没有变过，似乎做好随时开枪的准备，但又僵硬得仿佛一座雕塑。果然，巷子另一头传

来喧哗声，随即听见一声枪响。原来几个不明身份的本地男子抗议
警察在给现场拍照留证前触碰了尸体，和警方出现了争执。特警于
是朝天上开了一枪，人群瞬间一片寂静。

毒贩尸体被警察带走

　　终于，一辆黄色的运尸车缓缓地倒进巷口，尸体被快速包好，
送进车厢里的铁柜上。我走过刚刚还放置着尸体的地面，血迹已
干，隐约能分辨出头和手臂的位置，但也许再过一天，人们的记忆
就已经模糊。警察们自然松了口气，三五成群地开始撤离。我和阿
力因为还在拍摄，一转眼就落在了最后。几个当地居民低声劝我们
尽快离开，"警察一走，他们就又回来了。"

　　或许少了来时的紧张气氛，街道两旁突然清晰起来。摇摇欲坠
的水泥墙上画满了鲜艳得有些刺眼的五彩涂鸦，每一户民居的大门
石阶上都有人坐着乘凉，赤脚的黑人妇女抱着几个月大的婴儿。垃

圾随地可见，污水淤积，每年夏天来临时，这里都是登革热的重灾区。根据联合国发布的《人类发展指数》，阿卡立贫民窟长年在全里约 126 个街区中排名倒数前三，多项系数和非洲最贫困的几个国家持平。然而讽刺的是，这里的现金流动量却毫不逊色于任何一个盈利颇厚的商业集团。里约民警部门调查发现，平均每月从阿卡立贫民窟转手的可卡因在 100 公斤上下，折合人民币高达 400 万元。当贩毒集团信誓旦旦地宣称自己为贫民窟的利益而战时，贫民窟的居民一脸漠然。

重回警局时，那里已经淹没在凯旋的兴奋之中，如同获胜球队的更衣室。警员们隔着厚重的防弹衣拥抱致意，相互击掌。大理石的桌面上放着两把突击步枪，它们是清剿行动的战利品。人高马大的特警纷纷掏出手机拍照，显然今天的收获来之不易，这些照片将成为今后两天亲朋好友聚会上的谈资。

围观的警员一圈又一圈，如同虔诚的香客，我费了一番功夫，才钻到了最前头。两把步枪都是 AK-47，胡桃木做成的黄色枪托微微发亮，难以想象它们从出厂至今经过了多少双手的触摸。AK-47 起源于苏联，"AK" 是俄语里 "自动步枪" 首字母缩写，"47" 代表着它的问世年份：1947 年。被称作 "枪中之王" 的 AK-47 是人类历史上杀人数量最多的武器之一，全球平均每年有 25000 人死于它的枪口之下，以至于枪支的发明者也对自己的作品后悔不已。如今，从极端组织 "伊斯兰国" 到索马里海盗，AK-47 已经成为全球恐怖分子的标配。在里约，这种战争武器也早以迅雷不及掩耳之势进入贫民窟，是毒贩作案和日常防卫的首选。犯罪分子甚至使用这种战争武器来抢劫行人，让见多识广的武器专家都哑舌不已。

然而眼前的这两把 AK-47 如同被活捉的战俘，流露出羞愧沮丧的气息。"它们是哪里产的？"我问。"应该是俄罗斯。"几个特警的语气不是很肯定，他们把枪翻来翻去，试图寻找产地标识。结果让所有人都有些意外，这两把枪竟然是中国制造的。我自然有一种他乡偶遇同乡的心情，迫切地想要知道它究竟经历了怎样的命运辗转，才最终沦落至地球另一端的毒贩手中，但真相永远将是一个谜。

里约安全厅曾经成立一个专项小组，调查贫民窟里日益增多的突击步枪的来源。他们发现大部分 AK-47 都来自委内瑞拉。2005年，为了加强委内瑞拉的武装力量，时任总统查韦斯购买技术以生产 10 万支 AK-47 和 AK-103 系列的突击步枪，虽然委内瑞拉全国的兵力加起来也不到 10 万人。调查报告称其中一部分突击步枪落入了在该国西南部拥有根据地的哥伦比亚革命武装力量手中，并通过这些游击队员转手给了里约的毒贩。

在过去的两年多来，里约警方已经从贫民窟中缴获出最新款的AK-47，它们的枪托是由聚合物做成。当 2015 年 11 月巴黎恐袭事件发生后，任职将近十年的里约安全厅厅长贝尔特拉梅在回答媒体关于奥运会安保情况时自嘲地说："在巴黎，三把 AK-47 可以夺去70 条生命。然而在里约，我们每天都能缴获一把。"

和突击步枪一起落网的还有六个略微生锈掉漆的弹匣，每个弹匣都塞满了 30 枚口径为 7.62 毫米的步枪弹，它们锃亮如新，仿佛前一夜被人仔细地擦过一遍。我不由想起几年前在热图利奥·瓦加斯医院待过的一个晚上，这所公立医院位于里约北区，被 21 个贫民窟环绕，几乎每个晚上，都会有鲜血淋淋的枪伤患者被送到那里。我们陪医生值了整整一个晚上的班，用镜头记录深夜急诊室不

里约警方的战利品

为人知的忙碌。换班间歇，医生带我们去病房看望一个 25 岁的小伙，他被一把 AK-47 击中，但极其幸运地活了下来。

"我的儿子招惹了毒贩的女人，所以他们把枪口抵在他的下巴上开了一枪。"小伙的母亲坐在病床边，一边流泪一边为他扇风。我们对真相心知肚明，贩毒集团的成员在犯错后会受到内部处罚，轻则警告，重则处死。那些带着血淋淋的伤口前往医院的人于是约定俗成地以此为借口，逃避警方的调查。

这位年近六旬的妇女拉着我抱怨起医院迟迟没有安排整容手术，她越说越气愤，突然一把扯下小伙嘴上的纱布。一瞬间空气似乎被凝结住，只能听见电风扇转动的声音。他的整张嘴和半截鼻子都没了，只剩下一个血红色的大窟窿，犹如一个被敲碎的陶器。医生对我说，凶手并没有打算让他活下来，但枪口歪了，原本将直射进脑袋的子弹从人中的方向射出。

特警把其中一个枪匣掏空，将子弹一枚又一枚地排在桌面上，仿佛在拼凑黑夜中那张破碎的脸。正在这时，从里屋走出一个较为年长的警员。"把东西都收起来，不准记者拍摄。"他恶狠狠地命令道。我和阿力把摄像机一提，知趣地离开警局。

节目播出几个月后，我依然对那一个炙热的午后充满了疑问，那个曝尸街头的男子到底是谁？在中弹的那一刻到底发生了什么？我带着极其有限的几个关键词上网搜索，虽然花了很长的时间，但我还是寻找到了几点痕迹。一个匿名的个人博客上在当天清剿行动结束后发布了一篇文章，根据它的描述，警方进入贫民窟的导火索是一起抢劫案。在清剿行动的前一天，几个歹徒抢走了一辆停靠在路边的汽车，之后驾车逃进了阿卡立贫民窟。这辆车其实为警方所有，车内还放有好几把突击步枪。这个说法并非捕风捉影，除了传统的毒品交易外，最近几年来，阿卡立的贩毒集团还开发了一种新的获利途径，他们盗抢昂贵的汽车和货物，然后拿到黑市上卖掉。

在一个浏览量极小的社区新闻网站上，我搜索到另一种解释：当天的清剿其实是军警对贩毒集团发起的报复行为，因为在前一天晚上，当地一名警察被毒贩杀害。除此之外，文章的作者还提供了一个重要的细节：当天一共有两名毒贩被击毙，但他们并非在交火中中弹，而是被当场处决的。在全球最大的人权组织"国际特赦组织"巴西分会的一份旧报告中，我找到了对应的描述：2014 年 2 月 24 日，一个名叫拉斐尔·奥托尼的 31 岁男子连中四枪身亡。有目击证人称，拉斐尔在中弹前举起双手表示投降。"我输了，我输了。"拉斐尔大声喊道。"没有用的，我要的是你的灵魂。"警察说完后就朝他开了枪。

我无法判断证言的真假，但尸体的姿势在我脑海中挥之不去。我想要知道，发生在拉斐尔身上的，只是一个特例吗？

§ § §

初来里约的外国人常常最先学会两个葡萄牙语单词：第一个词是"比卡央"，它指的是肥瘦兼顾的牛臀尖，是在巴西烤肉店里必点的一块肉；第二个词是"法维拉"，也就是贫民窟的称呼。"比卡央"多多益善，但"法维拉"却是一个需要尽量避免的敏感词。十年前当我第一次来里约时，常常指着山坡上的贫民窟喊"法维拉"，直到同行的巴西友人制止住我。渐渐地，我意识到在这个词最直接的含义背后，其实跟随着一连串的意象：贫穷，毒品，歧视。里约政府尝试用"社区"或者"贫民区"来取代它，试图模糊外界对贫民窟的印象，然而却有一种欲盖弥彰的心虚感。

虽然世界上很多国家和地区都存在贫民窟，但"法维拉"这个专有名词的出现暗示着巴西贫民窟问题的独特性，如果以它为线索溯源而上，或许能够更好地读懂眼前这场迷局。

翻开《欧埃斯葡萄牙语大词典》，在"法维拉"词条下除了"贫民窟"外，还有另外一个较为生僻的释义：一种巴西独有的大戟科植物，带刺，有白色小花。然而，里约本地并没有"法维拉"，它生长在一千多公里之外的巴伊亚州干旱的内陆。19世纪末期，一个名叫安东尼奥的牧师带领一群无地农民和获得自由的奴隶在那里成立了一个自治区，以表达对刚成立不久，为了巩固财政基础而不断向农民征税的巴西共和国的不满。或许连这位瘦高的牧师也没有想到，大量希望脱贫或者在来生获得永恒救赎的信徒闻讯而来。几年间，这个叫作卡努杜斯的小村迅速地发展成一个拥有将近三万人口的定居点。

年轻的巴西政府自然对这个非常迷信，同时颇有复辟情绪的非法团体充满戒心，在几次小规模突击均告失败后，终于在 1896 年发起了巴西历史上著名的卡努杜斯战争。然而这群农民奋起抵抗，使得战事异常艰难和胶着，政府军不得不动用到大炮和炸药，才最终将定居点夷为平地。根据历史记录，战争双方都付出了极其惨痛的代价，将近 25000 名叛军被杀，整个卡努杜斯村只有 150 人幸免于难，而政府军也失去了 5000 多名战士。

然而当伤痕累累的士兵们凯旋后，政府承诺的封赏却迟迟没有得到兑现，这群原本被派去摧毁"占地者"的部队最后只好在城市边缘的一座小山上占起地来。没有人能说清楚到底是因为队伍中有人将"法维拉"的品种移植到了里约，还是因为他们曾经生活在长满"法维拉"的营地中，对这种异乡的灌木产生了感情，这座盖满棚屋的小山从此被叫作"法维拉山"，里约人也开始用"法维拉"来称呼所有类似的棚屋区。1908 年，里约畅销周刊《鬼脸》第一次出现用"法维拉"指代贫民窟的用法，标志着这个单词以印刷物为媒介从此在巴西文化中占有一席之地。

"法维拉山"就是如今位于里约市中心的普罗维登西亚贫民窟，它是全巴西第一座贫民窟，历史学家将 1897 年定为它的诞生之年。除了命运多舛的老兵外，普罗维登西亚最早的居民还包括奴隶制度废除后疯狂涌入里约的黑奴，因为这里临近石矿、工厂、铁路线和港口，所以他们中的大部分人也都选择在这座小山上安家。1904年，当地政府第一次尝试拆迁，但最终因居民的强烈反抗而告败。好在当权者很快就意识到这批廉价劳动力对于城市发展的重要性，从此不再上山拆房赶人。

整整一个世纪后，贫民窟在城市中扮演的角色不但没有改变，戏份反而更重了。根据巴西地理统计研究院的数据，里约的贫民窟居民数量为139万，占总人口的22%，相当于平均每五个里约人中就有一个人住在贫民窟。每当天边刚泛起鱼肚白，生活在贫民窟的人们抿了一口甜得发腻的咖啡后就抓起前一晚准备好的午餐匆匆下山或者换乘好几种交通工具赶去上班。在里约市中心和南区，他们是保安，家佣，厨师，环卫工人，沙滩上的小贩，是城市服务业的中流砥柱。没有了他们，里约就会像遭遇一场大停电一般无法正常运转。从城市功能的角度上看，贫民窟和普通的社区并没有多大的区别，在一些规模较大的贫民窟里，除了种类丰富的零售商店外，甚至还有健身房，月费比位于商业中心的连锁健身会所还要高。

我们驱车前往位于里约西区的"上帝之城"贫民窟，下午两点在那里有一场采访。"上帝之城"绝对算得上是全巴西最家喻户晓的贫民窟，它的声名在外离不开2002年上映的一部同名电影《上帝之城》，很难说清是因为剧本写得好，还是因为创作原型本身足够震撼，这部犯罪剧情电影不仅获得当年奥斯卡奖的多项提名，还入选《时代》周刊的"史上百部佳片"。但如果你在亲身踏足"上帝之城"时塞满一脑子血雨腥风的剧照，那么一定会感到不小的落差。整个贫民窟似乎非常平静，它铺展在一块平缓的土地上，虽然房屋破旧，但大部分区域的街道都可以容下车辆通过。一条臭气熏天的水渠将贫民窟划为两半，我们抵达的时候，一辆黄色的挖土机正慢悠悠地清理着渠道里的垃圾，这是政府管辖重新回到贫民窟的一个标志。

"上帝之城"最早是里约政府的一个规划项目。1960年，巴西迁都巴西利亚，为了安抚政客中实力不可小觑的"里约帮"，联邦政府决定"旧都"化"新省"，将原来的里约联邦行政区转变为瓜纳巴拉州，它是巴西历史上唯一一个由单一城市构成的州。虽然瓜纳巴拉州在1975年被撤销，并入了里约州，但在短短的15年里，这座城市经历了深远但又激进的改革。

第一任民选州长卡洛斯·拉泽塔一上任，就大刀阔斧地对里约开刀，除了开通雷波萨斯隧道，拓宽科帕卡巴纳海滩等基础设施领域的举措外，他还推行出一套强硬的贫民窟搬迁政策，为生机勃勃的房地产市场让路。在拉泽塔的五年任期内，至少有31000人从市中心的贫民窟搬到了40多公里外的民生住房项目里。然而这些居民并没有感受到乔迁新居的喜悦，因为大多数新区都被蚊虫肆虐的沼泽环绕，而且每一户分到的房子都只有44平方米，根本塞不下儿女众多的贫民窟家庭，很多人甚至把家具都摆到了路边。

"上帝之城"就是其中一个新区，虽然它一开始并不是为贫民窟搬迁人口准备的。作为重振瓜纳巴拉州计划的一部分，拉泽塔决定为州政府的职工兴建一个现代化的社区，它由巴西国家住房银行出资，无论是结构设计，还是排污系统，都处于当时的领先水平。曾四次获得诺贝尔和平奖提名的里约大主教赫尔德·卡马拉提议将它命名为"上帝之城"，社区内许多路名也取自《圣经》中的人物，例如摩西路、所罗门巷等。

然而天有不测风云，1966 年 1 月，里约遭遇了一场百年不遇的洪水，两百多人死亡，五万多人失去家园，拉泽塔于是被迫把即将竣工的"上帝之城"用来安置灾民。在接下来的几年里，来自全里约 63 个贫民窟的搬迁居民陆续在这里安家，他们在原有的 5000 栋平房边上围起栅栏，搭起棚屋，超过负荷的"上帝之城"很快就失去了原来的身形，像是一颗砸碎在地上的生鸡蛋，沾满尘土的蛋液放任地向四周流散开来，而卡马拉和拉泽塔这两位项目的灵魂人物也在军政府时期因为政见上的严重分歧反目成仇了。

似乎从那时候开始，政府的触手逐渐往后缩，直到在视野中消失，当 20 世纪 80 年代贩毒集团坐拥"上帝之城"后，这个原本照着"五讲四美"模板打造的社区彻底沦陷为犯罪天堂，连荷枪实弹的警察都不敢随意进入，这也是电影《上帝之城》中最浓墨重彩的一个章节。然而这种状况在 2009 年发生了根本性的变化，警察们不但进入了"上帝之城"，而且留下来不走了。

我们在"上帝之城"最喧哗的一条街道上找到了一栋三层的白色小楼，楼顶的阳台围着一圈蓝色的硬板，上面印着三个巨大的字母"UPP"，也就是"维和警察所"的葡语缩写，它是我们此行的目的地。一个叫作露西安娜的准尉接待了我们，她看上去 20 岁上下，虽然扎着马尾，但金色的发梢还是垂到了手肘的位置。露西安娜解释说我们约定采访的维和警察所所长临时有一个紧急的会议，所以就由任副所长的她来协助今天的拍摄。

"维和警察所"是里约政府在过去 20 多年来针对贫民窟问题推出的一项最重要的应对方法，它的宗旨并非彻底消灭贩毒集团，而是将毒贩赶出贫民窟，同时引入长期缺席的社会资源，将贫民窟改造为普通的社区。这个项目其实是向南美洲另一座深受贩毒集团荼毒的城市哥伦比亚麦德林取的经，但与麦德林采用的突袭式进攻不同的是，里约军警在入主贫民窟前会提前公开行动的地点和时间，以便让毒贩们提前撤离，否则将"格杀勿论"。正因为如此，当地电视台总能在军警进攻的几个小时间前，航拍到一群又一群毒贩抱着各式武器疯狂逃窜的画面。

维和警察与"上帝之城"贫民窟的儿童

当军警在多个军种的配合下成功控制了整片区域后，黄绿色的巴西国旗和蓝白色的维和警察旗就会缓缓地在贫民窟中升起，这是维和警察所在当地正式成立的标志性镜头。里约第一家维和警察所成立于2008年11月，它位于耶稣山脚下的圣玛尔塔贫民窟，当时，巴西已经获得了2014年足球世界杯的举办权，而2016年里约奥运会的申办也日趋白热化，维和警察项目的及时出现强有力地缓解了里约长期以来在治安问题上的难言之隐。两个多月后，里约第二家维和警察所在"上帝之城"成立，343 名军警开始长期在这里驻扎下来。

当 2009 年 10 月，时任国际奥委会主席罗格在哥本哈根念出"里约热内卢"的名字后，里约政府更是坚定不移地在维和警察项目上加大筹码，平均每三个月就"维和"一个贫民窟。一时间"UPP"成了报纸和电视上的热门词汇，能言善道的卢拉更是宣布将把里约的成功经验向全巴西推广。贫民窟的维和警察项目也是我在里约做的第一条电视报道，或许是受到整个社会氛围的影响，整篇稿子里洋溢着一种明亮正面的语气。

那是 2011 年的里约，湛蓝的天空晴朗得看不见一丝阴云。然而当我在世界杯前夕拜访"上帝之城"时，人们已经听见沉闷的雷声。在经过几年的执行后，维和警察项目的种种弊端已经暴露出来。被扫地出门的毒贩涌入里约市郊，导致当地的凶杀率直线上升，而与此同时，政府应允的资金迟迟没有到位，贫民窟民怨连连。在许多被"维和"的贫民窟甚至都出现了贩毒集团重返老巢的迹象，维和警察所遭袭的新闻也与日俱增。这也是时隔多年我再一次采访"UPP"的目的，我想要知道当年那个在耶稣山脚下出发的金闪闪的项目到底出了什么问题，而"上帝之城"维和警察所的所长冈萨雷斯上校或许能为我提供不少思路，他不仅是一名身经百战的军警，而且还是维和警察项目的创始人之一。

"上级批准我接受采访，我们就在这里进行吗？"露西安娜准尉问道。得非所愿是新闻报道的常态，我也只好掩藏住失望的神情。

我们在露台找到了一个适合拍摄的角度，露西安娜的身后正好是贫民窟高低交错的屋檐，更远处还能隐约看见山的轮廓。和我预期中的一样，她语气平缓地介绍起维和项目在"上帝之城"的基本信息，让我想到第一次带团的导游。她的声音又细又轻，阿力不得不打断采访，让她提高音量，才不会被街上的喧哗声吞没。

我问到最近几起维和警察所与贫民窟居民的纠纷事件，露西安娜虽然没有为自己的同事开脱，但回答说这些都是孤立事件，而且军警部门内部也已经展开调查。我并不享受在镜头前将受访者逼到绝路的快感，也从不会将对方尴尬无语的画面播出，在一场采访中，我只想获得一个人在某件事上的真实想法，无论是贫民窟里的毒贩，还是丛林里的反政府游击队员。我意识到露西安娜或许非常真诚，但她还未在这份职业中浸泡足够，没有获得过苦尽甘来的狂喜以及彻底的失望。

于是，我请求露西安娜带我们去"上帝之城"里逛一圈，或许能够借此观察维和军警和贫民窟居民的互动情况。

我们一行六个人，两辆警车，向"上帝之城"的中心区域缓缓行进。维和项目给这个社区带来的变化是非常显著的，每条街道上都竖立着路牌，这意味着居民们拥有了地址和门牌号，再也不必在社区中心如大海捞针般寻找一个包裹或者一份信件，虽然这也意味着他们开始收到电费账单，不能再像以前一样偷接公家的电线。除此之外，"上帝之城"的凶杀率也处于下降的趋势。根据官方公布的数据，2007 年"上帝之城"共登记 47 起恶性凶杀案件，而到了 2012 年，这个数目跌落至 5 起。"你们还会从社区里搜缴枪支吗？"我问。"以前这里有很多步枪，但现在已经完全没有了，只有极少量的左轮手枪。"露西安娜轻声回答道。

我们缓缓地开过一个小广场，栏杆上残留一层淡淡的蓝色油漆，那是 2011 年里约市政府在时任美国总统奥巴马访问"上帝之城"的前一天临时涂上的。在奥巴马计划步行的区域，原本坑坑洼洼的街道用沥青填平了，沿街也不知从哪里冒出了许多绿树。当地居民对蜂拥而至的媒体埋怨社区里无人清理的垃圾堆和生活污水，"我们想请奥巴马每天都来，他才会知道这里到底是什么样的。"

警车停在了水渠边的一个拐角，我们一下车，就被阳光晃得睁不开眼睛，路上的行人仿佛变成一条条细细长长的影子。露西安娜指着路边的几个破轮胎，脸上第一次流露出兴奋的神情。"五年前当维和警察刚进入这个社区时，他们找到很多烧焦的轮胎，这是里约毒贩的一种处决方法。"我对这种被称作"微波炉"的酷刑早有耳闻，毒贩将一圈圈轮胎套在人身上，然后浇上汽油，点上火，直至受刑者被活活烧死。贩毒集团之所以对"微波炉"情有独钟主要是因为它足够残忍，而且能够抹去作案的痕迹，免去了处理尸首的后顾之忧。然而更重要的是，焚烧时扬起的黑烟和临死前的惨叫声是对贫民窟居民最直接的威慑。

在过去的十几年里，贫民窟毒贩通过这种方式处决了难以计数的敌人、背叛者、警察，而在 2002 年，厄运降临到我的一名同行——巴西环球电视台调查记者蒂姆·洛佩斯的身上。遇难的前一年，洛佩斯用一台隐形摄像机偷拍了阿莱曼贫民窟的一个露天毒品集市，报道在电视上播出后引起了巨大的反响，在影片中露脸的毒贩遭到警方的通缉和逮捕，毒品集市也因此停滞了一段时间，给贩毒集团带来了不小的经济损失。洛佩斯的团队因此陆续收到毒贩的死亡威胁，报道的另一名主力记者控诉电视台对威胁置之不顾，最终选择辞职。

七个月后，坚守岗位的洛佩斯收到民众的举报，前往贫民窟夜总会调查未成年人遭性侵和毒品交易的现象，从此消失不见。洛佩斯的失踪受到社会各界的强烈关注，民间甚至发起了一场名为"蒂姆·洛佩斯在哪里?"的抗议活动，不断地向里约警方施加压力。最终，在经过大规模的调查和缉拿行动后，警方逮捕了多名涉案的犯罪嫌疑人，他们承认绑架了洛佩斯，并且对他严刑拷打，甚至用香烟烫瞎他的眼睛，用刀砍掉了他的四肢，最后再对依然有知觉的洛佩斯使用了"微波炉"。整整一个月后，警方才在阿莱曼贫民窟的一个隐秘坟场发现了几块烧焦的人体残骸，并通过 DNA 检验确定属于洛佩斯。

我们抛下轮胎引发的记忆继续往前走，几个黑人小孩抢着骑一台快要散架的自行车，临街的几户人家都敞着家门，里面传出叮叮咚咚的声音。阴影的木凳上坐着一个老人，他眯着眼观察着我们的一举一动。我本以为露西安娜会像几年前接待过我的维和警官一样热情地招呼我进到当地居民的家中，但她只是小心翼翼地向前踱步，仿佛脚边有一条不能触及的红线，并且时不时地转过头来确认护驾军警的位置。

虽然我不能凭借表面的观察对整片森林得出结论，但里约坎迪·杜门迪斯大学安全与公民研究中心的一份报告或许能够证明我的主观判断并非捕风捉影。2014 年，该中心对来自里约 36 个维和警察所的 2002 名维和警察进行调查，60％的受访警察认为贫民窟居民对维和项目带有负面情绪，其中超过 36％

的人认为当地民众对他们充满了愤怒、厌恶和敌意。与此同时，维和警察对自身工作的满意程度也出现大幅度下降，在 2012 年，46% 的受访警察对自己的工作表示满意，而到了 2014 年，这个数字跌落至 28%。

事实上，巴西警察一直以来都给外界留下了执法手段过于严厉的印象。根据巴西公共安全部的数据，2014 年全巴西至少有 2526 人死于军警的枪下，其中里约州的死亡人数达到 582 人，许多学者认为实际数字可能要更高。在世界上其他地区，警察枪杀或误杀平民的事件都会在当地引发强烈的反应，有时还会像美国巴尔的摩一样掀起全城抗议的风暴。然而在巴西，人们很自然地将它看作是在充满暴力犯罪的社会中维护治安的常态，在绝大多数警察致死的案件中，检察官甚至都拒绝对警察提起诉讼。

里约官方希望贫民窟维和项目能够重塑军警的形象，因为大多数维和军警都非常年轻，没有"沾染"到前辈的执法作风，而且他们在上岗前都需要接受七个月的专门培训。然而接二连三的维和警察丑闻很快就给美好的愿景罩上一层厚厚的阴影，在所有层出不穷的误杀和滥用职权的案例中，最具代表性的就是"阿马里尔多事件"。2013 年 6 月，生活在罗西尼奥贫民窟的水泥工阿马里尔多在家门口被军警押上警车，并被带到当地的维和警察所，这名六个孩子的父亲从此人间蒸发。

维和警察所称他们将阿马里尔多误认为贩毒集团的成员，在经过审问和身份确认后已经将其释放。在经过漫长的调查后，真相终于水落石出：阿马里尔多被军警活活打死。根据里约警方的调查，一共有 25 名维和军警参与了"虐待，处决和尸体处理"，其中 12

名军警因此入狱，前维和警察所所长埃德森少校作为案件主谋被判 13 年 7 个月的徒刑。直至今日，阿马里尔多的家人依然在寻找他的遗骨。

　　告别露西安娜的时候已经是下午五点多，或许是因为没有高楼的遮挡，"上帝之城"仿佛比里约其他的街区晚了一个时区。停靠在街边的大卡车正在卸货，上面堆着小山一般高的啤酒，颇为壮观，然而在难以消散的暑气中，只需要一个夜晚就能让它们无影无踪。我思索起蒂姆·洛佩斯和阿马里尔多颇为相似的结局，是什么让这群"蓝衣天使"显露出如此狰狞的一面？贫民窟维和项目今日所遭遇的冰冻，究竟源于怎样的寒潮？我本以为可以通过一趟拜访得到问题的答案，但现在看来，似乎为时过早。

第 ⑥ 章

　　班古区一直以来都有里约"火炉"之称，虽然日头还未升至最高点，但路边的气温牌显示已经接近 40 摄氏度。这意味着亚历克斯的尸体正在加速腐化中，如果没有尽快采取行动，我们很有可能错过他的葬礼。

　　建城于 1565 年的里约如今拥有 600 多万人口，在耶稣像的沉默注视下，600 万人的生生死死仿佛是桑巴大道上流动不息的狂欢节演出。在各类非正常死亡中，"死于警察行动"占据着重要的位置，平均每天里约都有 1—2 人被警察击毙，而其中混杂着数不清的冤假错案。里约人对此早已习以为常，只有极端无辜而又证据确凿的案例才会让他们将视线暂时从海滩、酒精饮料、肥皂剧明星上挪动到报纸和电视的新闻头条，例如有人用手机拍摄到军警误杀未成年人，并且在枪支上伪造死者的指纹，或者是身中流弹的贫民窟妇女被警车拖行数百米后死亡。新闻稿件总是用"再一次"作为副词，仿佛这些骇人听闻的事件犹如月圆月缺一样频繁，而那些未破的命案成年累月地堆积在一起，只有当夜深人静时才会在贫民窟中发出微弱的亮光。

　　周日上午八点，巴西大道上通往市中心的方向不知何故变得非常拥堵，而我们正沿着相反的方向一路畅通无阻地向前疾驰。没过一会儿，印着"肯尼迪村"的路牌就出现在眼前，这是今天的目的地。然而这或许是我遇过最捉襟见肘的一次采访，因为唯一的联系方式只有一个名字：亚历克斯。更加火上浇油的是，亚历克斯在几个小时前已经死亡。

我是从清晨的一条推特得知这个信息的：周日凌晨，18岁的亚历克斯在"肯尼迪村"贫民窟被军警误杀，亚历克斯生前已经被部队录取，他原本计划在周一去部队报到。这条加在一起远远达不到140个字母的消息不但没有亚历克斯的照片，而且还被夹杂在一连串花枝招展的国内外新闻中，如同一个即将被海浪冲刷掉的脚印。我的内心深处油然产生一种直觉，我必须在这个特殊的时刻拜访亚历克斯的家人，参加他的葬礼，亲眼见证这个不幸家庭的愤怒和绝望。只有这样，我才能更好地看清这座在外观上极具迷惑性的城市。

和位于班古区的几个贫民窟一样，"肯尼迪村"也是20世纪60年代美国政府在"争取进步联盟"运动中出钱兴建的新区，最早起名为"进步村"。但是在离竣工不到两个月的时候，肯尼迪在达拉斯遇刺身亡，于是改成现在的名字，以表示对他的纪念。或许是受到"村"字的蒙骗，在我的潜意识中，它应该是一个鸡犬相闻的，左邻右舍都互相熟识的小街坊。我以为只要一提到"亚历克斯"这个名字，就会有热心人为我们指路，完全低估了在这里追踪一个人的难度。

没有人能说清"肯尼迪村"到底住了多少人，根据里约市政府所属机构的调查，这里有3万左右的人口。但是数据一公布，当地的"村委会"立刻站出来否定了这个统计，他们坚称居民人数在十万上下，由此可见当地人口的流动性和隐秘性。除此之外，巴西大道又将它截分为南北两个部分，居民私下把它们分别称为"1村"

和"2村"，这无疑再一次提高了人口的混杂程度。

我们在贫民窟入口处的一家自行车店打听情况，店老板和我们的司机是熟人。"我好像听说过这件事，但并不知道他是谁。"店老板为难地挠了挠头。他返身进入店内，询问了几个伙计，又打了几通电话，但大家都对这件事一无所知。"肯尼迪村"当时还没有被"维和"，许多区域依然被毒贩控制，所以我们需要低调小心，以防采访不成，反而引火上身。最后，走投无路的我们只好求助于离"肯尼迪村"最近的一个军警派出所，然而和预期中的一样，他们唯恐媒体对这个"小错"进一步地曝光，自然对我们更加排斥。

巴西人是我见过最热衷于庆生的民族，无论老少贫富，生日都是一年中最重要的一天，有的人甚至提早一个月就开始精心筹备，大大小小的生日派对犹如过于密集的法定假日塞满了他们的日历。然而与庆生时连绵不绝的热情相比，巴西人对于死亡仿佛毫无耐

寻找亚历克斯的墓

里约的墓园

心，常常上午刚去世，下午就已经下葬，最长也不会拖过隔天。我无法判断这种似乎有些冷酷的风俗意味着他们对于悲伤的消化速度比其他人来得更快，或者只是一种避而不见的消极心态。

我们沿着"肯尼迪村"人流较大的主干道绕了几圈，但没有发现任何抗议的标识。由于远离海滩，而且被两座山围绕其中，班古区一直以来都有里约"火炉"之称，虽然日头还未升至最高点，但路边的气温牌显示已经接近 40 摄氏度。这意味着亚历克斯的尸体正在加速腐化中，如果没有尽快采取行动，我们很有可能错过他的葬礼。"或许应该直接去墓地碰碰运气。"司机随口说道。这个提议让一筹莫展的我们眼前一亮，但是里约一共有 21 个墓园，亚历克斯究竟会被葬在哪里呢。

穆仑度墓园离"肯尼迪村"最近，只相隔六公里左右的距离，它紧挨着一座小山坡，埋葬在这里的大多是中下层居民。整个墓园唯一的一张招牌悬挂在入口处，上面用硕大的红字写着"24 小时营业"，这不禁让我想起大都市里永不关门的便利超市，由此可见殡葬业在当地的需求之大。我发现一人高的蓝色铁门敞开着，便径直走了进去。整个墓园此时空无一人，最靠前的一片区域都是造型朴素的石棺，它们大多年岁久远，枯黄的野草从裂缝中钻出。稍微往里走，就突然冒出一地歪歪斜斜的十字架，上面除了一串用黑色油漆刷上的数字外，没有死者的姓名和生卒年月。

等我重新回到入口处时才发现一旁的平房里有人影在晃动，我推开暗色的玻璃门，一股旧图书馆特有的腐朽气味扑鼻而来。过了两三秒，我的眼睛才适应了屋内的黑暗，原来这里是墓园的管理处，一个戴着眼镜的老头正倚在柜台后看报纸。"现在是午休时间，下午一点再来吧。"他抬头看了我一眼。我解释说自己正在找一个人，希望他能帮忙查一下。

老头思索了片刻，然后慢悠悠地从抽屉里取出一本又沉又重的本子，翻开放在桌面上。"这是今天的下葬名录，包括下午的葬礼安排也都在这里。"他从上午八点的第一个葬礼开始往下查，但一直到下午的最后一场都没有发现名为"亚历克斯"的死者。我突然想到"亚历克斯"有可能是"亚历山大"的缩写，于是又让他搜索"亚历山大"的名字。果然，下午三点的葬礼是为一个叫作亚历山大的死者举行的。正当我无比激动的时候，却猛然发现在"死因"一栏上写着心脏病。

办公室的电话响了，老头把本子留给我，转身去接电话。我重新把当天的安排又翻了一遍，几乎每隔半小时就有一场葬礼，而看似密密麻麻的记录其实非常简单：葬礼时间，姓名，死因。我把第二天的葬礼预定也逐条查看了，但歪歪扭扭的手写字母没有透露出更多的线索。

告辞之前，我好奇地向四周打量了一圈。大半个房间都被快要触碰到天花板的木柜占据着，正是它们堵住了窗外的光线。柜子里塞满了带有统一封皮的本子，里面应该能找到墓碑上的数字所代表的全部信息。

墙上贴着一份殡葬保险的广告，每月只要缴纳 69 雷亚尔，就能拥有全家六口人的套餐，如果再多交一倍的钱，投保人数就可以上升至十人。广告上还特别标注着"包括火化"，因为巴西的火化费用相对昂贵，价格通常在 6000 雷亚尔到 10000 雷亚尔之间，对于贫民窟的居民来说，火化是一种极大的奢侈。

我在墓园对面的一家小卖部里找到阿力和司机，他们正在猛灌冰水。

店铺里还兼卖鲜花和长短不一的蜡烛，但水桶里残留的几朵白玫瑰都蔫了，像是一个筋疲力尽的旅人。

在接下来的几个小时里，我们一路向北，寻遍了沿途大大小小的墓地，但始终没有亚历克斯的下落。不知不觉中，我们已经靠近里约市以北的下弗鲁米嫩塞区，这里是凶杀案件的高发地带，当地的贝尔福罗舒公墓也因此经常出现在新闻画面中。走投无路的我们决定去那里碰一碰运气。

虽然道路有些复杂，但我们从未偏离过方向，因为所有被我们拦下来的路人都非常清楚墓地的位置，仿佛它是一个地标性的建筑。"一直往上开就对了。"他们都说。我们的车爬上一条坡度不小的街道，虽然两旁都是略显破旧的居民区，但和蜂巢般的贫民窟相比，这里的视线要开阔得多。

贝尔福罗舒公墓坐落在山顶，正门是一栋单调的四方形建筑，外墙上的油漆经过日晒雨淋早已脱落，仿佛 20 世纪 30 年代福特汽车公司遗弃在亚马孙雨林里的厂房。我让阿力和司机等在车上，一个人熟门熟路地跑了进去。墓地里一片寂静，没有一丝风，在烈日的炙烤下，仿佛能听见空气中细微的炸裂声。我找到走廊边上的管理处，里面冷气十足，陈旧的窗机发出轰轰的声响，像是一匹身心俱疲的老马发出的长喘。一位戴着眼镜，头发微曲的中年女子坐在里面，当听说我正在寻找一个死于枪击的人时，她脸上露出了得意的神情。"你这可找对地方了，这几天葬在我们这里的都是这一类。"她把桌上的报纸推到我面前。

那是一份当地的报纸，头版的照片是一具血迹斑斑的尸体。我好奇地展开报纸，大致浏览了一下，说的是从周五晚上到周日凌晨截稿时，整个下弗鲁米嫩塞区一共发生了 28 起凶杀案。我曾经听说在 2005 年前后，巴西许多大城市的报刊亭都出售一种专门刊发凶杀案现场照片的小报，而且销量惊人，后来被官方禁止了，然而今天在一些内陆地区的报纸上，凶杀案件依然构成日常报道的主线。我随手翻了几页，几乎每一版都能看见尸体的照片，完全没有发现已经被油墨沾了一手。

管理处的女子说一个小时后预订了一场葬礼，死者是一个男性青年，死亡原因是枪击，但不知道他叫什么。我推算很有可能就是亚历克斯，于是决定留下来等一等。入口过道的左侧有三个敞开的小房间，墙边都有一排石椅，我便走过去找了一个位置坐下来休息。和热气腾腾的墓地相比，这里明显凉爽多了，蓝色的墙漆似乎又让气温降低了几度。我捉摸起如何和亚历克斯的家人沟通，下一周的拍摄计划，似乎也不由自主地构思起新的选题，当我终于从漫无边际的思绪中挣脱出时，才意识到这几个房间其实是公墓的临时灵堂，房间中央长台是用来摆放棺材的。我心里有些发毛，连忙起身离开。

　　一个穿着蓝色工作服的老头已经在为葬礼做准备，他的皮肤晒得通红，像是一层切得薄薄的伊比利亚火腿，只见他拎来三四个蓝色的十字架，往边上一扔。我和他闲聊了几句，便独自在墓地里溜达起来。一张圆形的黑白头像吸引了我的注意，它镶嵌在一块手掌大小的墓碑上，我凑近了看，是一个年轻的小伙，照片旁刻着他生卒年月，我把年份相减，发现他死的时候只有 21 岁。在唏嘘之余，我的目光不小心瞟到旁边的墓碑，没想到另一个墓主去世时也很年轻。我于是把附近的几个墓都扫了一眼，惊讶地发觉他们死时都只有二十来岁，有几个甚至还没有成年。

抵达墓地

我无法判断这些人是否都是非正常死亡，但很显然的是，对于生活在经济落后地区的居民来说，寿终正寝是一件很困难的事情。根据巴西地理统计研究院最近的一次核算，里约人的平均寿命为75.6 岁，高过全球平均值，但如果细化到区域，就会立刻看出差距所在。在里约最昂贵的，同时也是极少数没有贫民窟的住宅区拉各亚，在每 1000 个居民中，有 3.1 个 15 岁以上的人活不过 30 岁，而在里约北区的阿莱曼贫民窟，这个比例翻了四倍。

预约的时间到了，但棺材和参加葬礼的人都还没出现。"一场拖一场，又得晚下班了。"坐在走廊上的老头不住地抱怨。过了一会儿，门口终于传来汽车的引擎声，转眼间，一群人就已经抬着一副橘黄色棺材走了进来，老头连忙起身去敲了敲挂在墙边的一口铁钟。遗憾的是，死者并非亚历克斯，而是一个 26 岁的黑人青年。我很是失望，但还是选择在葬礼结束后再离开。

贫民窟的葬礼

他的家人非常友善地同意我们用摄像机记录下葬礼的全过程，但拒绝向我们透露更多细节。为了表示对死者的尊重，我们也始终保持着一定的距离。在场的亲友都是黑人，死者的母亲穿着一件雪白的宽大衬衫，黑白参半的头发很整齐地梳到脑后，他的妻子和姐妹小心翼翼地把一副相框和鲜花摆放在棺材上。照片上的人蓄着一小撮胡子，头微微上扬，嘴带笑意，但并没有给我留下和善的印象。根据亲友的反应，我判断他很有可能死于帮派间的仇杀。

气温已经到达一天中的最高峰，棺材不住地散发出阵阵腥臭，见多识广的牧师镇定地翻开一本皱巴巴的《圣经》，在此起彼落的啜泣声中念完祷告词，然后带领着大家吟唱起一首在巴西耳熟能详的宗教歌曲。"如果生命的海水想要将你淹没，握紧上帝的手，去吧。如果世间的悲伤想要将你窒息，握紧上帝的手，去吧。起身前行，切勿回望，握紧上帝的手，去吧。"歌词仿佛有一种巨大的魔力，让在场的人都暂时停止了哭泣。

旁边两个墓园工人已经有些不耐烦了，他们手脚麻利地把棺材搬到一辆四轮推车上，朝墓地的深处运去。为了避免死者的母亲过于激动，一群人坚决不让她同行。我跟随着零散的队伍来到一片坑坑洼洼的草地中，这里随处都是粉红色和天蓝色的十字架，犹如一幅不小心被打翻的拼图。下葬的时候出现了一点状况，死者的妻子在向棺材献花时突然晕倒了，差点跌进半人多深的墓坑中。几个人一把将她抱住，急急忙忙地往外头送，只留下我和还在用铁锹填土的工人。棺材油亮的外壳逐渐沉落在土石之中，仿佛一个消失在转角的身影。

"也许亚历克斯还在接受尸检，所以还没被送到墓地。"阿力怀疑地说。这个解释似乎颇有道理，因为它并非一起普通的凶杀事件，司法部门的取证过程自然更加复杂。虽然饥饿和炎热几乎耗尽了所有的耐心，但我们还是决定去"肯尼迪村"以西七公里远的一家"犯罪研究院"，根据巴西法律规定，所有非正常死亡的尸体都需要在这个机构进行法医鉴定。

研究院的接待大厅坐满了人，在我推门而入的一瞬间，所有人都把好奇的目光投掷到我身上，并且紧紧地关注着我的一举一动，仿佛立刻遗忘了让他们来到这里的各种原因。我向前台说明了来由，没过一会儿，一个身穿白大褂的女法医就出现在我们眼前。她和善地听我解释了整件事的来龙去脉，同意帮我们去停尸间寻找一个叫作亚历克斯，而且死于枪击的青年。我有一种强烈的预感，一定能在这里找到亚历克斯。大约过了 15 分钟，女法医一脸微笑从走廊尽头走来，手里拿着一张纸条。"不好意思，这里没有你们要找的人，但我有一个总部的座机号码，你们或许可以打去试试。"

我半信半疑地照着号码打过去，和预期中的一样，电话始终无人接听。每一声响铃仿佛都吹出一个巨大的气泡，它们越升越高，然后在我的头顶炸裂开来。正当我们无比沮丧时，司机的手机响了，电话另一端是自行车店的老板，他说刚刚联系上亚历克斯的家人。

§ § §

亚历克斯的父亲在路口等我们，这里是"肯尼迪 2 村"一个非常隐蔽的区域，巴西大道上永不间断的车流声仿佛暂时被锁在保险箱里。这个叫作拉莫斯的中年男子个头不高，虽然皮肤晒得黝黑，但看上去非常斯文，一双大眼睛流露出哀伤和惊吓的神色，仿佛一只死里逃生的绵羊。他说全家刚从亚历克斯的葬礼上回来，我有些惊讶地发现他身穿一件 AC 米兰队的红黑条纹球衣，因为在葬礼上穿戴红色的衣服是巴西人的禁忌，但我转念一想，也许这是亚历克斯生前最钟爱的球队。

亚历克斯的父亲

我告诉拉莫斯我们从一大早就开始四处寻找他们一家人，他似听非听地应答着，如梦游一般缓缓地领我们往巷子深处走去。通过一扇一人宽的铁皮门，我们来到一栋简陋的平房，面积不大的客厅被刷成鲜艳的紫色，除了几件普通的家具外，地上还放着一张床垫，枕头和被单凌乱地裹成一团。从踏进门的那一刻起，我就已经

亚历克斯的母亲

快速地在一屋子人里辨认出亚历克斯的母亲，只见坐在沙发上的一个衣着普通的短发女子起身迎接我。"节哀顺变。"我低声说。

我已经做好心理准备面对哭天抢地的失子之痛，但她的状态似乎比我预想中的要平静得多。"我是亚历克斯的姑姑。"她似乎看出了我心中的疑虑，连忙解释道。一旁的拉莫斯对我说，事情发生后，亚历克斯的母亲一步也不敢迈进自己的家，所以全家暂时待在相隔一条街的姑姑家。一个小男孩面露怯意地坐在角落，他是亚历克斯的弟弟。

突然间，门口传来交谈声，一个披着长发的女子走了进来，她的打扮明显和这家人不同，看上去要时髦些，身后还跟着一个男子。拉莫斯向我介绍说他们是亚历克斯的另一个姑姑和姑父。我和她握了握手。"我的丈夫是一个警察。"她提醒我。似乎这一层身份让她成为这个家庭中地位最高的成员，她在房子里窜来窜去，大声张罗着，仿佛正在处理一场公关危机。终于，我找到机会让拉莫斯坐下来讲述事情的经过，他把亚历克斯的短发姑姑也拉到身旁，两人仿佛是怒海孤舟中仅存的两名乘客。

当天凌晨，熟睡中的拉莫斯被门口的呼喊声叫醒。"出事了，亚历克斯被枪打到了。"他慌张地打开门，发现是同一街道的邻居。他们在黑暗中一路狂奔到事发地点"祖母路"，那是巴西大道旁的一条水泥路，一辆摩托车倒在路边。借着过往车辆的前灯，拉莫斯一下子就认出了亚历克斯的 T 恤衫，他毫无知觉地躺在路上，满头都是血。亚历克斯的好朋友杰克森坐在地上，他抽泣地对拉莫斯说："叔叔，是警察向我们开的枪。"

和这个世界上大部分的悲剧一样，在那一刻最终到来前，往往找不到任何蛛丝马迹。那天晚上，亚历克斯和杰克森相约前往当地一个热门的周末派对。离开派对时已经是半夜三点多，两人骑同一辆摩托车回家，久违的清凉夜风让他们感到十分惬意。然而在快要抵达"肯尼迪村"时，他们突然听到一阵密集的枪声，17 岁的杰克森立刻把车开进路边的巷子里避一避。

连续两周来，两个敌对的贩毒帮派已经为个人恩怨以及争夺毒品交易地盘在"肯尼迪村"连连发生交火，而在这个周末的夜晚，双方的对战似乎尤为激烈。一组执勤的军警在得知情况后从班古区的军营出发，前往当地稳定局势。根据这几名军警的说法，当他们到达"肯尼迪村"的时候，听到猛烈的交火声，之后他们就在路边发现了两个中弹的青年。然而有好几个目击证人给出了另一个版本，他们称几个毒贩从一辆小轿车中朝军警开枪，军警立刻进行反击。之后，一辆摩托车从现场经过，军警勒令其停车，但没有成功，于是举起突击步枪朝车上的人开了两枪，一颗子弹击中了杰克森的手臂，另一颗子弹击中了亚历克斯的头部。

拉莫斯的声音轻飘飘的，仿佛在讲述一则传说中的恐怖故事。这时候，一个四肢粗壮的中年女子从里屋慢慢地走出来，一屁股坐在客厅的床垫上。她是亚历克斯的母亲，金色的头发是染上去的，发根已经褪成了黑色，右手臂上有一个花朵形状的文身，花枝是由一个大写的字母"A"组成的，很容易猜想到它所代表的含义。"她哭了一整天，嗓子全哑了。"旁边的人对我说。只见她默默地望着我们，目光涣散，犹如一个无助的孩童，身后的电视机正在播放环球电视台的肥皂剧，浓妆艳抹的女主角不顾一切地愤怒叫喊着，但电视机被调成静音，仿佛她被下了某种失语的魔咒。

拉莫斯从口袋里摸出一张绿色的卡片，我接过来，发现是亚历克斯的身份证，上面贴着一张他的证件照。这是我第一次看见亚历克斯的样貌，这个 18 岁的小伙留着一头利索的短发，眼睛细长，看上去很机灵，似乎没有遗传到父亲忠厚老实的神情。拉莫斯给我说起亚历克斯平时在"肯尼迪村"的一个小店铺里打工，经常骑着自行车去送货，最近几天他心情很好，因为终于收到部队的录取通知，马上就将开始新生活。说到这里时，拉莫斯突然哭了。"为什么不朝车轮开枪呢？朝他们的腿开枪也好啊。"他用手捂住自己的脸。亚历克斯的妈妈试图接话，但声音沙哑得听不清，仿佛把一个个单词摁在砂纸上猛烈摩擦。

为了证明儿子的清白，拉莫斯执意要向我展示那份录取通知书。他带我们回到相遇的路口，然后沿着街道继续向前走，最后停在一栋普通的二层楼房前。这是他们的家，整个空间依然停留在前一天的状态，厨房的水池里有未洗的碗碟，客厅角落里有一颗足球。亚历克斯的房间在二层，我推门进去时惊讶极了，房间只有几平方米大，一张低得几乎贴在地上的单人木床几乎占掉了所有的空间。拉莫斯找到亚历克斯的书包，但掏了几遍也没有找到通知书，于是又把堆在床上的衣服一件一件抖开。最后，他沮丧地站在用铁皮铺盖的露台上，杰克森答应去警局作证，但最终并没出现，因为他的家人不同意。"大家都说杰克森太幸运了，军警本可以上前补一枪灭口。"拉莫斯淡淡地说，并没有责备的语气。我靠在用水泥砌成的围栏上，望着周围的楼房和街道，杂乱无章的电线缠绕在半空中，像是一道结实的蜘蛛网，紧紧地将人们的生活包裹在其中。这里真的是我熟悉的里约吗？我突然很想对着镜头说些什么，但感到有一个东西堵在胸口。

我们一回到街道上，就被左邻右舍簇拥起来，他们身上都穿着印有亚历克斯头像的圆领 T 恤衫，这是巴西中下阶层哀悼死者的一种常见的方式。"亚历克斯是一个很好的孩子，他们又杀了一个无辜的人。"一个中年男子摇了摇头。几个十多岁的男孩争着要阿力给他们拍照，他们神情严肃地盯着镜头，以此显示自己的愤慨。我注意到周围的店铺都挂着皱巴巴的白色横幅，有的写着"公正"，有的写着"TICA"，我问了旁边的人，才知道"TICA"是亚历克斯的小名，类似于中文里"小不点"的意思。"中午的时候大家举着这些横幅去巴西大道上抗议，警察却说我们是由毒贩组织的。"拉莫斯说。等我转过头打算再看一眼白布上手写的黑字时，却发现它们已经沉没在逐渐昏暗下来的天色中。

夜里的"肯尼迪村"仿佛被一层昏黄色的雾气笼罩

着，对面的巷子中央架着一个栏杆，我下意识地以为它是毒贩设置的路障，后来才发现有两个小孩在昏暗的路灯下踢球，那是他们临时摆上的球门。虽然已经有些晚了，我还是希望最后再花几分钟的时间去枪击现场看一眼。

一到"祖母路"我就有些失望，因为天黑得什么都看不见了，然而拉莫斯似乎并没有感受到视觉上的限制，他一个箭步走上前，指着地上说："是这里，就是这里。"正当我还在努力让瞳孔适应黑暗时，阿力利索地打开摄像机的机头灯，一条长长的血迹突然暴露在我的眼前，仿佛划过黑暗夜空的闪电。原来，两人中弹后，摩托车带着他们向前冲出了十几米。我沿着血迹走到路边的一道矮墙边，这是他们最终倒地的位置，有人在上面撒了一层厚厚的沙，但并没能完全盖住那一大摊血迹。然而一个礼拜，一个月或者一年过去后，地上的痕迹终究将消失，除了亚历克斯的父母外，谁又会记得这里发生过什么呢？我不禁有些感慨。

正当阿力开始收拾拍摄器材的时候，旁边开过一辆摩托车，前灯射出的光柱突然照到不远处一辆停靠在黑暗中的蓝白色警车，借助着巴西大道上不时闪过的车灯，我们终于辨认出两三个执勤军警的身影，他们站在几十米开外的角落。我突然意识到，事发的瞬间在如此偶然的情况下获得重现。如此推断，凌晨时开枪的军警是在完全无法确认对方身份的情况下扣动的扳机，而这似乎也是大多数巴西军警在感到危险时的第一反应。

我担心拉莫斯会情绪激动地冲上前理论，所以赶着离开这个是非之地，但执勤的军警突然向我们走来，怀中的突击步枪随着脚步上下晃动，让现场的气氛变得有些紧张。我轻声吩咐阿力把摄像机调为拍摄状态，如果发生任何形式的冲突，可以录下现场声作为自我保护的证据。"我们想知道你们在这里做什么呢?"一个军警问。我解释自己是来自中国的记者，并毫不避嫌地道出了拍摄内容。然而出乎我意料的是，眼前的这几位军警似乎对误杀事件毫不知情，而且也漠不关心，他们随便敷衍了几句便转头离开了，留下一脸茫然的拉莫斯。

这样的态度也体现在里约警方对该案的处理上，几个肇事军警只是到里约凶杀调查局录了口供，也不需要上交枪支，很快就回到了工作岗位，军警部门表示会全力配合调查，但尚未收到任何要求。

在警察致死案件频发的美国，一个警察平均每逮捕 37000 人，就杀死 1 个人，而在巴西，这个比例为 23∶1。在贫民窟维和项目诞生前的 2007 年，里约州在警察执法中丧命的人数高达 1330 人，这个数字在维和警察所遍地扎根的 2012 年下降至十年来最低水平 419 人。然而随着蜜月期的提前结束，它又开始一路回升，并在 2016 年达到 920 人，出现 120% 的增幅。在一届又一届的州政府看来，这些无辜的受害者都是维护治安的常态。"不打碎鸡蛋就吃不到煎蛋。"这是任职将近十年的里约前安全厅厅长贝尔特拉米和他的前任们最常引用的一句巴西谚语，和中国人常说的"舍不得孩子套不住狼"是同一个意思。

很多人会自然而然地把里约军警过于暴力的执法风格归咎于 20 世纪 80 年代贫民窟毒贩的崛起，这其实是一种片面的看法。在 1808 年葡萄牙王室被拿破仑军队赶到巴西之前，里约的警力非常零散，大多是没有配备武器的"社区警员"。在当时，里约一半的人口都是黑奴，他们维持着整座城市的正常运作，然而在 19 世纪初海地黑奴起义的启发下，巴西的奴隶群体也渐渐出现反抗的苗头。因此当若昂六世抵达里约时，立即下令组建一支完备的警察队伍，来保证随行 15000 名王室成员的安全。1809 年，"皇家警卫队"正式成立，它就是包括里约州军警在内的巴西军警的前身。

虽然名义上是维护社会稳定，但"皇家警卫队"最主要的任务就是镇压各种形式的奴隶反抗，以保证王室的统治地位。根据历史记载，在警卫队成立后的第一个十年里，几乎所有的执法行动都与奴隶和有色人种相关，警察常以破坏公共秩序为罪名对他们严刑拷打。因为受刑者被打得遍体通红，如同一只煮熟的虾，所以当时的人给这种刑罚取名为"鲜虾大餐"。

里约警察镇压黑奴以及黑人习俗的一个最具代表性的例子就是禁止"卡普埃拉"。"卡普埃拉"是一种介于武术和舞蹈之间的运动，它源自非洲，但融入了巴西本土文化，它被认为具有战斗用途，所以又被称作"战争之舞"。这项早已风靡全球的巴西国粹在当时依然保留着相对暴力的元素，所以当这群养尊处优的葡萄牙贵族一见到"卡普埃拉"，就将它归类为一种非常危险的活动，并且决定严惩跳"卡普埃拉"的人。一开始，如果被发现跳"卡普埃拉"，将被关进监狱，到了 1817 年，则会处以 300 下鞭刑，而从 1824 年开始，任何与"卡普埃拉"存在联系的人都会在鞭刑的基础上再进行三个月的劳动改造。当 1864 年南美洲历史上规模最大、最惨烈的乌拉圭战争打响后，里约警察找到了一个新的处罚方式，他们强制违反者入伍，毫不犹豫地把他们送去前线当炮灰。

由此可见，巴西最早的警察和刑罚制度就是以控制下层社会，巩固统治阶层为目的，即使巴西推翻帝制，成立共和国后，军警的这种"以贫穷为罪"的思想也没有发生过变化，特别是在过去的50年来，越是在贫穷的区域，他们的执法手段就越严厉，并逐渐养成"先行动，后调查"的惯性。

1964年巴西军政府上台，军警的镇压对象转为国内的反对派，消灭反政府游击队，抵制抗议示威活动成为他们的主要纲领，而这为执法机构的各种暴行大开绿灯。在长达20年的军事独裁时期，虐待和处决比比皆是，而施暴的警察都可以逃避惩罚。巴西历史上著名的暗杀小组"勒科克集团"也是在这个时期诞生的，它是里约警方在1965年成立的一支非正式的警察组织，由素有"黄金十二人"之称的12名颇有声望的警察共同领导。"勒科克集团"的使命是逮捕当时社会上的悍匪，但只要对方出现反抗，就会即刻处决。一时间，许多臭名昭著的黑帮头目纷纷惨死在家门口。然而，暗杀小组的行动很快就失去了控制，根据历史记录，单是在1968年，里约就有约250人遭到私下处决，其中大部分死者都是贫民窟以及经济落后地区的居民。这种疯狂剿杀的过激行为很快就引起了社会各界的强烈反感，一时间，民众纷纷斥责他们为"冷血杀手"。以描写内心独白见长的巴西传奇女作家克拉丽丝·李斯佩克朵甚至以此为题材，创作了一部名为《米内罗尼奥》的短篇小说。"警察的傲慢和杀人的欲望让我震惊极了，我感觉自己化身为那个死于乱枪下的毒贩。"李斯佩克朵在接受巴西电视台采访的时候说。

人们原本希望军事独裁时代的结束能够减少社会中的流血事件，然而他们万万没有想到，在接下来的20多年里，里约遭遇了历史上最暴力的时期。数据显示，在1991年至2007年之间，里约平均每年有 6826 人死于凶杀，与许多战乱国家的死亡人数持平。在 2002 年，里约的凶杀率为每十万人中有 62 人被杀，相当于 20 世纪 90 年代的南斯拉夫以及 21 世纪初的伊拉克。

这场旷日持久的暴力浪潮源于 20 世纪里约政府与贫民窟之间自 20 世纪 80 年代开始的"互动"。1983 年，新上任的里约州长莱昂内尔·布里佐拉决定对原有的警察体制进行大刀阔斧的改革。该决定与布里佐拉的个人经历有关，这个在英国广播公司评选的"巴西百名伟人"中排名第 47 位的著名政治家深受军事独裁的荼毒，对军政府时期警察威胁恐吓贫民窟居民的作风非常反感。然而与此同时，包括"红色司令部"在内的犯罪组织通过毒品交易壮大势力，纷纷在贫民窟划地称王，布里佐拉的"不干预政策"自然受到外界的强烈谴责。现在看来，20 世纪 80 年代里约贩毒集团的崛起具有一定的时代必然性，但布里佐拉也不能推脱掉所有的责任，在新政策作用下，政府与贫民窟之间出现了一道鸿沟，警察越来越难进入这些"城中城"，更不用提正常执法了。

正是从那个时候开始，无论是社会大众，还是影视作品，都开始将贫民窟的普通居民和暴力犯罪联系在一起，虽然在现实中，毒贩在当地人口中只占了很小的比例。于是，当里约军警以消灭毒贩为名在贫民窟展开"不计代价"的"严打"时，自然受到了全社会的强烈支持。当杀气腾腾的精英部队进入贫民窟时，生活在楼房里的里约人就感到异常安心，全然不会顾及军警的清剿手段是否过于残暴，在人口密集的住宅区发动大规模突袭的策略是否得当。"一个好的匪徒就是死掉的匪徒。"当时里约军警的高层如此总结道，这句话从此也被当成"至理名言"在巴西警界流传开来。

随着近两三年来巴西各地犯罪率的持续走高，社会中支持严厉执法的声音也越来越多。在当前"向右看齐"的巴西政坛，许多拥有警察背景的保守派政治家利用民众对治安的忧虑在议会大选中获得了大量选票，并在巴西国会中组成了势力不容小觑的"子弹帮"，他们拥护军警的暴力执法，要求全民持枪权。

§ § §

亚历克斯被埋葬在离"肯尼迪村"将近 40 公里的卡祝墓园，它位于瓜纳巴拉湾边上的一个古老而破落的街区。周一下午，我们拿着他的坟墓编号，驱车前往墓园，也算是弥补错过葬礼的遗憾。由于在标示不清的立交桥上迷了路，抵达墓园的时候已经是下午四点多。墓园的正门是一座十几米高的石块建筑，虽然朴素，但在阳光的照耀下，褐色的石面反射出一层薄薄的金光，反而有一种华丽的错觉。

墓园入口处访客如流，但只要一走进两旁种满绿树的石径，喧嚣的人群突然都消失了，仿佛一串突然断了线的珠子，散落在各个角落里，唯一能将所有人联系在一起的，只有墓园里时断时续的广播声。我打量着四周的墓碑，它们造型各异，有的甚至还装饰着用石膏做成的天使或者呈祷告状的小女孩，充满着浓烈的艺术气息，很难想象一个来自贫民窟的青年会埋葬在这里。当我们走到石径的尽头时，另一片墓区从眼底铺展开来，这里看不见植物，坟墓也显得普通了许多，虽然依然可以通过十字架的质地和细微的设计看出家人的心意。

卡祝墓园是全里约最大的墓园，它的面积相当于 60 个足球场的总和，在步行了将近半个小时后，我们已经分不清方位，被一座座没有按编号顺序排列的坟墓搞得晕头转向。我拦住路过的一个扫地工人，让他帮忙指路。"往前一直走到头，然后右拐，序号为五千多号的墓都在那里。"

顺着他手指的方向，我们来到了一片风格迥然不同的区域，这里看不到十字架，只有一排排用水泥砌成的墓墙，每面墓墙都被平均地划分成一个个隔间，上面没有墓主的名字，只有手写的编号。正当我琢磨着这种橱柜式的坟墓要如何安葬时，正好途经一场简单平静的葬礼，只见一众亲友把棺材抬起，然后头朝外脚朝里地推进一个空的"抽屉"中，悼念的花圈也被一把塞了进去。等一切完毕后，墓园的工作人员就封上一块墓门，然后在缝隙处抹上一层薄薄的水泥。

太阳西斜，我们走动的影子被打在一墓墙上，仿佛一双温柔的手轻抚着满壁的创口。终于，在墓园最深处的一扇污迹斑斑的墓墙上，我找到了亚历克斯的坟墓。一开始我们还犹豫不决，因为墓门上没有编号，只能借助左右两侧的墓位号码来定位，但在崭新的水泥痕迹上，我发现了几个似乎是用小刀刻上去的字："V.K 爱你。""V.K"应该是"肯尼迪村"的葡语缩写，而在角落的位置，又刻着另一个字："TICA"，我们这才最终确定来到了正确的地方。

一种混杂着吃惊和难过的心情从我心中升起，这里没有鲜花，也没有燃尽的蜡烛，墓门上连亚历克斯的全名都没有。也许对于没有经济能力购买私人墓地的贫民窟居民来说，这并没有多大的必要，因为按照巴西的传统，三年到五年后，亚历克斯残存的尸骨就将从这里移出，为后来的人腾出位置。

等阿力用摄像机拍摄完空镜和我的出镜后，才发现费尽周折带来里约的航拍器被忘在车上了。他让我待在原地，自己一个人出去取设备。从这里到停车场需要横跨整座墓园，往返一趟至少需要40分钟。一开始我还在附近兜了几圈来打发时间，没过多久，疲倦就席卷而来。我在墓墙前的一片低矮的墓群里找了一个位置坐了下来，年代久远的石板连成一片，再加上它们坐落在一块斜坡上，颇有点像古希腊的露天剧场。

围墙的另一侧是一个贫民窟，隐约能够看见有人在砖墙裸露的房顶晒衣服，不时还传来几声狗吠，一种异样的安详油然而生。夕阳已经照不到我身处的地方，微微有些凉意。正在这时，远处出现一个骑着自行车的男子，正悠然自得地朝我的方向过来。突然间，他发现了坐在墓群中的我，脸上立刻显露出惊恐的神色。他渐渐放慢了车速，和我保持着一定的距离，但并没有停车，最后消失在斜坡上的几间房子后，我想他应该是墓园的守陵人。过了几分钟，这个人骑着车又折了回来，但这一次，他在离我几米的地方停了下来。"下午好，你在这里做什么呢?"他怯怯地问。我回答说在等人。他疑惑地打量着我，仿佛在确认某一件事请。"早点走吧，这里不安全。"他指了指贫民窟的方向，然后骑车离开了。然而说实话，这里是我能想象到的最安全的地方了。

在我视线所能触及的地方，黑夜已经发起攻势，似乎每过几秒，就有一部分突然被阴影吞噬，金色的光线正悄然退缩。100 多年前，这里曾经是一个专门用来埋葬黑奴的地方，时代更迭，生活在这座城市边缘的人们依然选择来此落脚。我静静地注视着眼前的一幕，直到整片墓地都陷入到昏暗之中。

第 ⑦ 章

一走进客厅，就看见好多人围坐在一起收看奥运比赛直播，一个中年女子和我打招呼，她是拉菲艾拉的姑姑索尼娅，一头长度到下巴的卷发染成了金色，但靠近头皮的部分是新长出来的黑发。"都说巴西没有种族歧视，这都是谎言，如果生活在贫民窟里，就更严重了。"她耸耸肩，说贫民窟里整天都可以听见枪声，无论是白天，还是晚上。

　　斯蒂芬·茨威格和克洛德·列维－斯特劳斯几乎是在同一年抵达巴西的。在这里，早已声名远扬的奥地利文豪茨威格写出了畅销书《巴西：未来之国》，而未来的法国人类学大师列维－斯特劳斯还只是一个 27 岁的年轻教师，野心勃勃地进行着人生中第一趟田野调查。在他们的笔下，这个热带国度呈现出截然不同的样貌，而这显然是由各自的身份背景和观察角度决定的。同为一个长时间生活在巴西的外国人，当我隔着时间的皱褶仰望两位巨匠时，很难和前者产生共鸣，而与后者在情感上有着更多的亲近。在我恬不知耻的理解中，"未来之国"更像是一种过于沉重的预言，而当阅读那些陆上行舟般的旅途日志时，我感觉没有什么比它们更好地讲述了这个国家停滞的真相。

　　讲述者永远是片面的，在文字和影像素材中浮现出的映像，或深或浅，都是个人见闻的反射。然而对于新闻工作者来说，我们生活在一个极其危险的时代，指尖下的网络世界正在取代现场，而多少记者又是在阅读新闻后才知道自己的观点。

　　多次出入里约墓地的经历让我意识到，泉涌般的犯罪新闻并不能完全归咎于媒体居心叵测的反面宣传，这座城市远远比外界想象得要危险。根据公共安全研究院的报告，里约平均每天有 13 人死于凶杀，而同样是奥运城市的伦敦和东京分别只有 0.2 人和 0.3 人。数据带来的直观感受强烈却也短暂，它或许能够在标题上给一瞥而过的读者留下印象，但对于摸清问题的脉络并没有带来更多的帮助。

为了最大限度地回归凶案的源头，我与里约凶案调查局取得了联系，这个隶属里约民警部门的特殊机构负责侦查里约市的所有凶杀案件。如果要在第一时间抵达凶案现场，最有效的方法就是跟随调查局的外勤小组，我希望能和这些追踪死亡的警探们一起值一个普通的夜班，即使有可能如同运气不济的渔夫一样空手而归，但这种随机性正是命题的一部分。我本以为民警部门会将这种采访需求束之高阁，但没想到在经过一段时间的等待后，它竟然批准了拍摄申请。

在逶迤山丘的装点下，里约恍若一座江南的园林，这些仿佛被造物者随意勾画而成的花岗岩诞生于五亿年前，但我时常忘记城市是以它们为轮廓打造出来的，总觉得这些墨绿色的屏障是异乡来客，恶作剧似的将视野切得零碎生动。然而夜幕降临后，里约最引以为豪的风景突然都消失了，海滩、面包山、驼峰和内湖似乎被吸进一个巨大的黑洞中。从空中往下看，灯火闪耀的街区仿佛分散在辽阔平原上的村落，只有发光的耶稣像孤独地飞行着。

一直以来，我对夜间拍摄都有一种莫名的嗜好，在夜色的掩护下，生活在钢筋森林中的昼行性动物终于卸下一天的防备，慢慢松懈下来，这种类似于微醺的情绪更接近一个人真实的内心。周四晚上七点，我们抵达了位于里约巴哈区的凶案调查局，这块位于城市西部的新区在 20 世纪 70 年代还是一片沼泽和废弃的咖啡种植园，如今这块面积和新加坡相近的土地上盖满了高档公寓楼，而奥运公园的建立更是犹如一次加持。调查局坐落在一条绿树掩映的安静街道上，这栋堡垒般的二层建筑最早是一个警察局，2010 年过户给新成立的凶案调查局。虽然早已易主，但楼房的外观依然残留着过去的影子，窗户很少，大部分的外墙都是完全封闭的，窄小的入口隐藏在一侧的角落里。这样的设计其实代表了里约警察局的传统建筑风格：环境压抑，与外界隔离。之所以如此，是因为过去的警察局内部都设有监狱，虽然这并不符合法律规定，但许多等待审判的犯罪嫌疑人常常在里头一待就是好几年。

今晚的值班局长叫作安德烈，他留着平头，浅蓝色的眼眸非常清澈，看上去像是一个刚开始工作的大学毕业生，但其实已经在民警部门干了 14 年。"放心吧，只要一接到报案，就会立刻叫上你们。"他和我们打完招呼，就消失在迷宫般的楼道里。接待室灯光昏暗，不时走过几个穿着短袖制服的年轻警探，他们有说有笑，让我联想起结伴去上晚自习的中学生。在调查局成立以前，凶杀案都由普通片警负责处理，只有遇到大案或者悬案时，才转交给专门处理凶杀案的警察局。之所以如此，是因为长期以来里约民警都以破获贩毒组织为主要任务，没有像世界上其他大城市一样将侦查凶杀案件列为工作首位，而事实上，只有从已经发生的凶案上总结经验，才能最大限度地降低凶杀率，这和建立错题本是类似的道理。

人们常常认为等待是静态的，其实它更像一条延伸的隧道，通向事件发生的那一瞬间。橘黄色的路灯下出现一个手推车小贩，警探们似乎都是常客，纷纷上前买了咖啡和包在锡纸里的西班牙炸饺子，香烟是按根卖的。我从未认真地去想象一个凶案现场的场景，但不知为何，在如此日常的生活景象前，形形色色的残忍画面像是漫过浴缸的水一般突然都浮现出来。"也许这会是一个平静的夜晚。"我心里默默地想。

然而半小时不到，调查局的电话就急匆匆地响了起来。原本沉闷的楼道瞬间一片喧哗，几个扛着突击步枪的警探已经做好出发的准备，还没等阿力打开摄像机，安德烈就已经向他们交代了出勤的具体安排。我想稍微打探一下前方的大致情况，例如凶案的类型、地点，但根本没人顾得上我，他们急匆匆地上了已经等候在路边的四五辆警车，为了不被大家落下，我也只好跑回自己的车里。

车队沿着巴哈区的海滨大道向西疾驶，这正是海滩一天中最闲适的时刻，人们在遛狗、运动，大口地吸吮着冰椰汁，尖锐的警笛

凶案现场

声并没有给他们带来太多影响。我透过车窗向外看，原本熟悉的街
道在闪烁的蓝色警灯中突然变得陌生起来。十几分钟后，我们来到
了雷克尤区，它是里约最年轻的街区之一，虽然远离传统意义上的
市中心，但风景优美，因此被精明的房地产商打造成新兴的高档住
宅区。车队停靠在一条商业街上，围观的人群不但将路口堵得水泄
不通，甚至占去了半个机动车道。如果不是警探们拉起了反光的黄
色警戒线，我可能还一时发现不了黑暗中的尸体。

围观凶案现场的路人

那是一个高大强壮的黑人男子，他仰躺在地上，身穿一件鲜艳
的紫色背心，露出胳膊上年岁久远的文身，模糊的抽象图案似乎发
出淡淡的幽光。安德烈打开手电筒，仔细寻找致命的伤口，强烈的
圆形光柱落在尸体的脑后，仿佛卡拉雅族印第安人的羽毛头饰。警
探们稍微侧翻了一下死者的脑袋，一个小拇指一般粗的新鲜伤口就

从后脑勺上露了出来，妆容精致的女警探手拿棉签，淡定自若地捅了进去，也许是为了检查伤口的深度。站在她身旁的同事刷刷地记满了整张白纸，仿佛技艺卓绝的画师，只要稍稍一瞥，就能轻松地画出整个轮廓。

在场的其他人各司其职，他们在现场收集物证，寻找目击证人，守在警戒线边上的三名警探专门负责保卫工作。法医身穿的短款白大褂在黑夜里十分引人瞩目，他是外勤小组中唯一没有携带武器的人，行为举止也和警探们截然不同，有一种置身事外的轻松感。他向我展示一枚刚刚在现场发现的弹壳，"5.56毫米的口径，是一把自动步枪。"然而话还没说完，他就立刻把子弹放进斜挎的小包里，仿佛生怕我多看一眼。

然而我很快就发现，这并非一宗多么复杂的凶案。由于发生在闹市，不少人都目击了歹徒行凶的过程，其中甚至包括死者的儿子。这个看上去20岁不到的小伙遗传了父亲的体格，他惊魂未定地向警探回述事发的经过：一家人外出就餐，中途父亲觉得有人在跟踪他，于是骑上摩托车准备先走，但刚开出去没几米，就听见"啪"的一声枪响。几个路过的行人和警探说他们看见一个蒙面人从一辆黑色的轿车内开枪，可见凶手埋伏已久，是有计划的作案。听了各方的证词，我才发现在离尸体十几米远的地方有一辆黑色的倒三轮摩托车，这款车在巴西价格不菲，而且外观夸张高调，只有黑夜才能将它藏起来。

"你的父亲有什么仇人吗？"警探问。小伙低下头，默不作声，只是说他父亲生前在一个保安公司工作。在里约，很多所谓的保安公司实际上都是贩毒集团的枪手组织。安德烈过后对我说，这毫无疑问是一宗仇杀，虽然家属矢口否认，但所有的证据都已经指向了这一点：步枪、蒙面人、安保公司。我知道他其实咽下了最后一个词：黑人。

围观的民众并没有散去，我惊讶地发现有一半都是肤色黝黑的未成年人，他们目不转睛地盯着尸体被抬进城市卫队的运尸车里。一道车灯照在他们身上，仿佛有一条胶布将所有人缠成一团。我很想知道，他们是否对狂飙在马路上的重机摩托投去过欣羡的眼神。

凶案现场还没清理完，外勤小组就又收到两通报警电话，其中一个案件发生在南区的圣康拉多海滩，游客从沙堆里挖出了一条人腿；另一件则发生在臭名昭著的圣塔克鲁斯区，一名男子被杀死在当地的塞萨劳贫民窟。安德烈向海滩派去一组人，大部队则立刻前往贫民窟的凶案现场，由于当地情况复杂，调查局于是紧急增派一批警力，而我们因为随身携带着防弹背心和头盔，才被允许继续跟拍。

越往西北方向开，路上的车流就越少，只有快速公交道上时不时出现一辆灯火通明的巴士，沉沉欲睡的乘客把脸贴在车窗上。拉响警笛的车队无视交通灯的存在，一路飞驰地向前行驶，我们的车是倒数第二辆，无奈也闯过了无数个红灯。我原以为会得到免责待遇，然而一个月后，一张罚单还是翩然而至。车队停在了公路边一个黑灯瞎火的岔口上，警探们一下车就立刻摆出防御阵势，在一把把突击步枪的衬托下，犹如身处前线的战士。在一片短促的寂静中，我不自觉地拉紧了防弹背心，警觉地望着四周。然而负责定位的警探很快就发现了自己的失误，在下一个岔口，我们才终于和报警人碰头，他自称是社区委员会的负责人。

上山的路坑洼不平，沿途的住户仿佛收到了统一的指令，大门紧闭，灯也被调暗了，整个贫民窟仿佛一场突然被拉掉电闸的舞会。每隔一段路，就能看见一个赤膊男子形迹可疑地坐在角落里，在一个废弃的小广场上，四五个人借着路灯在打扑克，他们并没有对浩浩荡荡的车队感到吃惊，仿佛对眼前的一幕早有预料。一个穿着整洁白衬衫，打着领带的男子急匆匆地往山下走，我后来才意识到这个装扮有些"不合时宜"的人可能是刚做完临终祷告的牧师。

塞萨劳算得上是里约最复杂的贫民窟之一，即使是对里约帮派纷争烂若披掌的人，也很难一句话说清当地的情况。这里最早是"红色司令部"的势力范围，而与它一路之隔的亚苏贫民窟则由"纯第三司令部"管辖，双方曾经泾渭分明地保持过一段健康的敌对关系，但第三个势力的介入很快就破坏了这种平衡。一支势力强大的非法民兵组织对塞萨劳贫民窟发起攻势，"红色司令部"虽然节节失守，但依然苟延残喘地通过游击战的方式进行反击。战火像传染病一般逐渐在附近的几个贫民窟间蔓延开来，而圣塔克鲁斯区也因此成为里约枪战最频繁的区域。

路消失在一片草丛前，这里是贫民窟的最高点，再往前已经没有房子，只有一片杂草丛生的山坡。一具黑人男子的尸体姿势扭曲地躺在地上，他的脸朝天，但腰部以下却和上半身呈直角，没有穿鞋。死者看上去25岁左右，头部中弹，脑后的草地已经被血染红。虽然法医在现场找到了弹壳，但经验丰富的警探怀疑他是在其他地方被处决，然后再被抛尸此处。"凶手使用的应该是一把左轮手枪，而且是近距离开枪。"安德烈说到一半时，身后一栋平房的门突然打开了，里面走出一个抱着背包的年轻女子，她麻利地锁上门，然后头也不抬地快步走开了，仿佛我们并不存在一般。安德烈目视她走远了后，才继续往下说。"我们在他身上发现了一部手机，或许能够从通话记录中获得更多的线索。"然而我的思绪还停留在刚才的一幕上，警探为何没有拦住那个很有可能是证人的女子呢？她一定听到了什么。也许在潜意识里，他们已经将其定案为贩毒集团内部的纠纷，而作为一宗无头案，是不值得浪费资源继续深究的。

　　"这一起凶案有什么特点吗？"我问。安德烈思索了几秒，"现场太安静了，死者家属也没有出现，这有点反常。"就在这时，有人突然低声喊道："快把摄像机的灯关了。"我还没反应过来，就看见大家纷纷躲进往墙角的黑影里，一阵密集的枪声和炮火声从山坡下的社区里传来。一名警探立刻打开随身携带的监听器，搜索附近的无线电频率，几秒后，一个急促尖锐的男声从沙沙的杂音中出现。"毒贩正在用对讲机通话。"警探说。我凑上前仔细听了几句，

入夜后的贫民窟危机四伏

罗西尼奥贫民窟的万家灯火

但一头雾水。原来，贩毒集团内部都用一套自创的黑话交流，好在里约的警察不少和毒贩打交道，早已深谙其意。"毒贩说从我们进入贫民窟时就盯上我们了。"警探一句接一句地翻译着监听内容。"他们说现场还有一组记者。"他说完看了我一眼。

黑夜中的贫民窟美丽极了，从山顶往下看，万家灯火在我们脚底摇曳着，犹如一艘夜航在亚马孙河上的客轮。然而在毒贩的视角中，我们仿佛皮影戏的人物出现在悬空的舞台上，一举一动都逃脱不了他们的监视。我不禁思索这是否正是贩毒集团的用意，用一宗设计好的命案将我们吸引到此。在因滥用武力而遭到外界指责的同时，里约警察的伤亡率也是所有职业中最高的。在 1994 年至 2015 年期间，超过 3200 名警察在里约州因公殉职，即使是安保力量空前雄厚的 2016 年，这个数目也高达 142 人，相当于每 2.5 天就有一名警察遇害。警探们显然也和我一样嗅到了这种可能性，安德烈立刻下令外勤小组从塞萨劳贫民窟撤出。

车队沿着来时的路急速往山下开，似乎外勤小组才是擅闯私人领地的不法分子。周围一片寂静，只听见车轮碾过杂草，碎石和松散的沙土时发出的声响，仿佛有人在翻阅一份过期的报纸。巷子越变越窄，而在几乎要被两侧的墙壁夹碎时，所有人终于回到马路上。在双挑路灯的照射下，我们仿佛荡漾在加勒比海温暖的海水中，城市的杂音从来没有像此刻这般悦耳。在经历了这场风波后，警探们建议今晚的拍摄告一段落，他们重新拉响警笛，提速向前，很快就在视野中消失。我们在空旷的马路上耐心地等待每一个红灯，回到里约南区时已经是第二天凌晨。

§ § §

在短短三个小时里，里约市区就发生了至少三宗凶案，而这只不过是一个再平常不过的周四晚上。似乎再足智多谋的警探也赶不上这样的案发速度，而大部分凶案都和薄薄的案件记录一起锁进调查局的铁柜里。里约凶案调查局的警探不止一次向媒体埋怨，由于资源匮乏，他们每个月只有能力对五宗凶案展开调查。事实上，根据一份由巴西联邦政府国家公共安全处出具的调查报告显示，全里约州只有不到8%的凶案得到侦破，其余的都石沉大海。人气高涨的巴西新生代专栏作家格雷戈里奥·杜威维亚就拿这件事开涮：在巴西，你可以放心照镜子。因为在世界上大多数地方，自杀率都高于凶杀率，所以当你望着镜子时，很有可能看到杀人犯，但在巴西基本上没有这个顾虑。

在我经历的几起凶案中，无论是死于警察枪下的无辜青年，还是惨遭贩毒集团处决的无名男子，遇害者都是清一色的黑人男性，这难道只是一个巧合，又或者隐藏着一个共性？巴西国会调查委员会似乎也有相同的疑问，为此他们以 2012 年为采样对象展开调查：2012 年全巴西共有 56000 人死于凶杀，其中 30000 人为 15 岁至 29 岁的青年，而在这些遇害青年中，77% 为黑人，这相当于平均每23 分钟就有一个黑人青年死于凶杀。另一项由国际人权组织"大赦国际"发布的报告也显示了相似的结果：在 2010 年至 2013 年期间，里约市区共有 1275 人死于警察行动，其中 79% 为黑人男性，75% 为 15 岁至 29 岁的青年。

很显然，"黑人"和"青年"是巴西凶杀受害者的两个最主要的特征，专家甚至发现，一个黑人青年遭到凶杀的概率是白人青年的将近四倍。"这相当于每年有 150 架载满黑人青年的飞机坠毁。"代表里约州的国会议员林登伯格·法里亚斯如此形容道，"巴西非裔人口仿佛正面临一场种族灭绝。"

黑人与暴力的不断重叠让我不禁思索巴西的贫民窟问题是否与种族问题存在某种联系。巴西是世界上拥有黑人人口最多的国家之一，根据全球通行的定义标准，即黑人与白人或印第安人的混血儿皆属于黑人，全巴西约 54% 的人口为黑人。巴西人常常自称为种族融合的楷模，在 1930 年出版的经典作品《主人与奴隶》中，巴西著名社会学家吉尔贝托·弗雷雷就重点讨论了巴西"牛奶咖啡式"社会的形成，他认为以白人男性与黑人女性为主的不同人种间的交配创造出一种有别于美国和欧洲的独一无二的混血社会。虽然在将近 90 年后，这本书依然摆放在巴西书店最显眼的位置，但关于种族融合问题早已涌现出不同的论调。小说《上帝之城》的作者，同时也是电影主角原型的保罗·林斯就多次在公开场合称里约是一座种族歧视非常严重的城市，只不过人们不喜欢讨论这个话题。

和美国一样，巴西也是一个深受奴隶制影响的国家。为了满足新大陆砍伐巴西林木、种植甘蔗、咖啡的劳动力需求，葡萄牙殖民者将数百万的黑人从非洲中西部海岸和贝宁湾运至大西洋对岸的巴西。根据历史记载，第一批黑奴是在 1538 年被一个叫作乔治·毕肖尔塔的巴西木商人强制从非洲抓到巴西东北部的巴伊亚州，由于丰厚的利润，跨洋黑奴交易成为一项利润丰厚的生意，在 16—17 世纪间达到顶峰，而巴西也成为非洲黑奴最主要的目的地。关于运往巴西的非洲黑奴数量众说纷纭，其中最具权威的来自美国亚特兰大的埃默里大学，他们依据现存的船运记录得出总数：486 万人。这是运往美国的非洲黑奴数量的整整十倍。

1822 年巴西宣布独立，然而这个历史事件似乎并没有给它带来明显的进步和革新，佩德罗一世依然用旧的方式统治着巴西，而统治阶级更是一心琢磨着如何在没有宗主国束缚的新环境中拓宽财路，对他们来说，现存的社会、政治、经济结构万万不能改变。这也是为什么，当英美相继废除奴隶制后，作为黑奴第一大国的巴西纹丝不动。在英国的不断施压下，巴西帝国才终于在 1850 年颁布"欧塞比奥·德盖伊罗斯法"，正式宣布终止国际黑奴贸易。虽然断绝了海外黑奴的来源，但国内的奴隶制依然保留，直到 1871 年，巴西的奴隶制才出现一丝松动，巴西帝国颁布"白河法"，规定凡是在法令生效后出生的奴隶后代皆获得自由，而又过了整整17年，巴西才终于在1888年正式废除奴隶制，是美洲最后一个废除奴隶制的国家。

如此漫长的废奴历程可见巴西的种族问题具有一定的特殊性。行走在里约或者圣保罗的街头，你能够看见各种颜色的皮肤；在绿茵场上，一支"混血"国家队牵动着巴西人的喜悦和哀伤，于是人们坚信巴西不存在种族问题，甚至连许多旅居巴西多年的外国人也信誓旦旦地这么认为。事实上，我们总是不自觉地用"美国式"或"南非式"的衡量标准来界定"种族歧视"。在种族隔离时期，公共汽车上的座位分为白人区域和黑人区域，白人与黑人不得使用同一个卫生间，这一类种族歧视很大程度上是"人种性"的，白人将黑人视为一种次等的生物，如果使用同一个公共设施，就好比让一只猪走进自己家一样不自然；然而在巴西，种族歧视是"社会性"的，当一个人肤色越深，在大众的潜意识中，他就可能越穷，接受的教育程度越低，因此犯罪的可能性也越大。在巴西，黑人很少会成为抢劫的目标，因为这个群体被自动认为是贫穷的，然而他们却害怕独自走在深夜的街头，因为很容易被巡逻的警察当成潜在的犯罪分子。

与盎格鲁-撒克逊民族相比，葡萄牙人与异族共处的经验要丰富得多，在大举殖民南美之前，他们就已经与阿拉伯人接触了上百年的时间，这或许是巴西历史上未曾出现种族隔离的原因之一。从某种角度上看，"社会性"的种族歧视比"人种性"的种族歧视更容易得到消除，它可以通过文化和教育的途径得到缓解和治愈，然而在一个贫富差距日益悬殊的社会中，似乎很难对症下药。

　　废奴进程的姗姗来迟让它赶上了照相技术的早班车，巴西因而成为了世界上拥有奴隶照片最多的国家，里约的莫雷拉·塞勒斯博物馆里珍藏着大量 19 世纪 70—80 年代的黑白奴隶影像，照片上身着白衣的黑奴怀抱着白人小孩，或者出现在白人居家照的角落。然而在巴西奴隶制废除一百多年后的今天，这样的情景依然随处可见。公园里，穿着一身白衣的黑人保姆领着和自己肤色完全不同的孩童出来散步晒太阳，白衣是她们的标配，代表着清洁和身份。这也是为什么许多移居巴西的中上阶层的黑人女性渐渐地拿掉衣柜中的白色衣服，因为她们常常在公共场合被错认为佣人或者保姆。

　　非裔人口占美国总人口的 13%，如今的美国社会拥有大量的黑人政客、律师、医生、歌手、演员，美国也已经拥有第一位黑人总统。反观巴西，无论是在政府内阁，还是企业、律所、医院或者电视屏幕上，黑人的身影寥寥无几，在环球电视台万众瞩目的肥皂剧里，黑人演员只能扮演贫民窟的居民，连白人家庭养子的戏份都排不上。似乎唯一能让外界记得的巴西黑人的只有以球王贝利为代表的足球运动员，难道说运动场是巴西最不在乎肤色的地方吗？我没有想到，为了寻求问题的答案，我在整整两年后重回"上帝之城"贫民窟。

　　2016 年 8 月，举世瞩目的奥运会在里约热内卢举行，开赛第三天，东道主巴西队迎来了"首金"：24 岁的拉菲艾拉·席尔瓦在女子 57 公斤级柔道项目获得了金牌。一瞬间，所有的巴西电视台都在重复播放着拉菲艾拉的赛后采访，只见她从簇拥的人群中艰难地探出头来，忙乱中有人正往她肩上披巴西国旗。"他们说柔道不属于我，说我是家族的耻辱，今天我在家门口拿到了奥运冠军。"

她非常激动，眼泪不住地流进嘴里，在推搡之中，镜头似乎有些失焦，我继续往下看。"如果不是柔道，我今天肯定还在'上帝之城'贫民窟里寻找生计。"采访的背后其实还有一个故事，2012年拉菲艾拉代表巴西参加伦敦奥运会，但因为一个具有争议性的进攻动作被取消了比赛资格，为此她遭到了巴西网友带有种族歧视的人身攻击。

拿到金牌后，拉菲艾拉的档期就被各种访谈和公关活动排满了，大家都争着要见她，但我更想去她在"上帝之城"的家看一看。8月是里约一年中气温最低的时候，时常好几天都是阴天。"上帝之城"贫民窟离里约奥运会最主要的赛区巴哈奥林匹克公园不到八公里的距离。我们的车沿着公园一侧的马路缓缓行驶着，远远地可以看到柔道馆巨大的弧形顶棚。没过多久，车就开上了贫民窟的主干道，四周的气氛也悄然发生了变化，仿佛一个被冻僵的人渐渐恢复了血色，空气中隐约能闻到一丝鞭炮的味道。

拉菲艾拉的妈妈泽尼尔达在家门口等我们，她看上去非常年轻，身穿一件印有女儿头像的绿色T恤衫，搭配一条带有黑色花朵图案的白底拖地长裙。"一楼是我开的小卖铺，我们住在楼上。"泽尼尔达领我们走上房屋一侧坡度不小的石梯，虽然不苟言笑，但很友善，身旁跟着一个十几岁大的黑人女孩，我以为是拉菲艾拉的妹妹，后来才知道是她的侄女。泽尼尔达和她的两个女儿以及孙女住在一起。

客厅有些局促，但可以看出经过了简单的装潢，悬挂着电视机的那一扇墙还特意贴上了米色的瓷砖。到处可见拉菲艾拉不同时期的照片，洗衣机上方的横梁上挂着几件柔道训练服，拉菲艾拉的姐姐也是柔道运动员。我和摄像商量着采访的机位，因为地方小，巴西司机总是挤在镜头的角落里，我于是让他回车上等，但他认为外面不安全。

"你这只母猴，快从台上滚下来，猴子应该在笼子里待着。"泽尼尔达向我复述女儿受到的辱骂。在伦敦失利后，类似的言语不绝于耳，拉菲艾拉一度陷入忧郁，常常整个礼拜都不出门，甚至一度打算放弃柔道，后来在家人和朋友的帮助下才逐渐走出阴霾。泽尼尔达仔细地诉说着女儿如何通过比赛的奖金一步一步地改善家人的生活。我问她肤色问题给生活带来的影响，她说自己原来在当地的一家超市做收银员，遇到黑人想要偷东西，她总是把他们揪出来。"他们偷的可都是我的钱。"她非常气愤地说。我当时以为她答非所问，后来才恍然发现这其实是一个再好不过的回答。

泽尼尔达带我们去拉菲艾拉从小长大的爷爷家，它位于贫民窟的中心区域，住着拉菲艾拉父亲那一边的亲戚。那是一栋普通的二层小楼，围墙是淡淡的蓝色，似乎是不久前刚刷上去的，门口有几个七八岁模样的黑人小女孩在轮流骑一辆粉色的自行车。一走进客厅，就看见好多人围坐在一起收看奥运比赛直播，一个中年女子和我打招呼，她是拉菲艾拉的姑姑索尼娅，一头长度到下巴的卷发染成了金色，但靠近头皮的部分是新长出来的黑发。"都说巴西没有种族歧视，这都是谎言，如果生活在贫民窟里，就更严重了。"她耸耸肩，说贫民窟里整天都可以听见枪声，无论是白天，还是晚上。

我不由想起维和警察所的金发女警官曾经对我说"上帝之城"贫民窟基本上已经没有枪支，不过那已经是 2014 年的事了。在过去的两年里，几乎再也没有出现过维和项目的正面新闻，与维和项目相配套的用来建设基础设施的资金一直就没有到位，再加上里约州政府的财政赤字，连基本的警力资源都无法保证，这导致里约各地的维和警察所持续遭到毒贩的攻击，街道上的监控摄像头不止一次拍摄到毒贩纷纷返回贫民窟的画面。关于维和项目是否有用的争论不绝于耳，很多里约人甚至认为它是里约治安恶化的罪魁祸首。

一家人热情地拉着我去看拉菲艾拉小时候练习柔道的社区中心，刚走了不到十米远，我就敏感地在巷口的墙上发现几行用黑色油漆刷上的字："维和警察，小心停车，你们正在被监视中。"落款是"C.V."，"红色司令部"的缩写。字母歪歪曲曲的，仿佛吸附在墙面上的长腿蜘蛛，中间还夹杂着几个语法错误。我小声地对摄像说了这件事，让他故作随意地给我拍一个以黑字警告为背景的出镜，我只说一遍出镜词，也不会特意回头，以免引起他人的注意。

从曼盖拉贫民窟鸟瞰马拉卡纳球场

果然如我所料，刚拍完，街对面就出现一个黑人男子，骂骂咧咧地朝我们走来，好在被拉菲艾拉的家人们挡住了。

维迪加尔贫民窟的海景

　　贫民窟维和项目的落败其实早有前车之鉴，从 20 世纪 90 年代开始，里约州政府就不断地打造各种以维护贫民窟治安为目标的警察项目，其中以 2000 年推出的"特殊区域警察组织"最为成功。这个项目一开始在里约的坎塔加卢贫民窟和"小孔雀"贫民窟试行，它的主要目标是减少枪支来源，让年轻人远离犯罪以及杜绝暴力执法。在执行的第一年，该项目就取得不小的成功，当地的凶杀率历史性地降低为零，州政府于是将它扩展至更多的贫民窟。然而在经过短暂的蜜月期后，项目进度逐渐变缓，并最终举步维艰，其根源在于政府投入的有限，它需要大量的人力、物力、时间和金钱，里约州政府很快就打了退堂鼓。

政治气候也会影响到治安项目的落实，贫民窟维和项目的短暂春天就证明了这一点。大力支持该项目的前里约市长爱德华多·帕埃斯和因受贿罪锒铛入狱的前里约州长塞里奥·卡布尔都来自巴西民主运动党，而一脉相承的两位总统卢拉和罗塞夫都来自劳工党，这两个党派在当时属于联盟关系，自然有助于治安项目的发展和延续。如今，巴西政坛经历龙卷风，罗塞夫遭到弹劾，两党联盟灰飞烟灭，里约的"一把手"们也经历了大换血，维和项目的前景自然更加渺茫。

也许来得太早，社区中心里空荡荡的，只听见走廊上的房间里传来熟悉的声响，我循声而去，发现是三个黑人小孩在打乒乓球。他们年龄各不相同，站成一排刚好呈阶梯状，看见我时并不羞涩，只是好奇地追问我是哪里人，从哪里来。墙上贴着一些儿童蜡笔画，有一幅是巴西国旗，但把写着"秩序与进步"的白色条幅画反了。伴随着匀称悦耳的击球声，孩子们快乐地谈论着这枚来自"上帝之城"的金牌，沉浸在暖阳般的喜悦中，似乎暂时忘记了贫民窟局促不堪的一面。当奥运会的脚步远去后，这群人还会被记得吗？我打断了自己的思绪，拿起球拍加入了他们的比赛。

第 ⑧ 章

"烟口"，在贫民窟的黑话中，它专门指贩毒集团的毒品零售窝点。

　　拜访可卡因加工窝点的第二天，我们再一次驱车返回贫民窟。一晚上我都睡得很浅，这是狂欢节开始前的最后一个周末，彻夜轰鸣的街头派对早已如瘟疫般在城市中蔓延开来。我睡眼惺忪地坐在车后座，回想着昨晚发生的事，仿佛是一场忽远忽近的梦。然而这种恍惚很快就被巴西大道的燥热蒸发得一干二净，随着目的地的逐渐逼近，车窗外的街道变得愈发熟悉。在开进贫民窟时，我们跟随线人把车窗慢慢摇下来。

　　前一天的拍摄并没有让我止步，相反的，它引诱出更多的好奇和疑问：毒品是如何销售的，贩毒集团又是如何运作的，毒贩的行事逻辑是什么。它们如同俄罗斯套娃一般互相包裹，无论多么绘声绘色的讲述都无法取代一探究竟的冲动，我需要亲眼去看，亲口去问。

　　车小心翼翼地绕过毒贩设置的路障，又晕头转向地拐了几个弯，最后停在了一个开窗式的小卖部边上。线人不紧不慢地下了车，上前要了一瓶冰水，然后倚在用水泥糊成的窗台上。长期在巴西报道的经验已经让我学会在初抵某处时留出一定程度的空白，千万不要急于了解或者试图掌握动态，而是应该在暗中摸索人或事特有的速度，否则很容易弄巧成拙。我于是也下了车，不动声色地四处打量着。

街对面的墙上画着巴西足球豪门弗拉门戈俱乐部的队徽，红黑条纹的标志比一个成年人还高。弗拉门戈是里约的球队，据说支持者将近4000万，是全世界球迷人数最多的球队之一。然而让我不解的是，它的旁边画着阿根廷博卡青年队的蓝黄色队徽。我问了周围的几个当地居民，但没人说得清这个"敌军"的标志是怎么上墙的。我仔细琢磨了一下，才大致领会其中的含义，博卡的标志只有弗拉门戈的一半大，而且笔画随意。两者一对比，自然会有圣殿和茅屋的区别，这也许是毒贩的幽默感。

"你们是来拍联赛的吗？"旁边的一个小伙问，看我一头雾水，他继续说道，"我们有自己的足球队。"这时候，另一个人对他使了个眼色，于是这个话题就有些尴尬地打住了。后来我才知道，贫民窟的贩毒集团出资组建了一支球队，球员都是当地的青年，每年他们都会参加一个由32支球队加入的地下足球联赛，通过一轮一轮的比赛决出冠军。据说每逢比赛，当自己的队伍进球时，毒贩们都会朝天开枪以示庆贺，至今还可以在网络上搜索到从毒贩内部流传出来的视频。

我们在熏人的暑气中等待着，时间仿佛失重了一般，无法凭感觉判断出快慢。一个多小时后，含义复杂的宁静终于被摩托车的引擎声打破。一个打着赤膊的黑人男子骑着摩托车，另一个头戴黑色鸭舌帽的人坐在后座上，身穿一件蓝色圆领衫，等车停稳后，我才发现他的肩上还挂着一把M60突击步枪。只见两人走到墙边，从随身携带的黑色书包里掏出几个白色的塑料袋，放在一张破旧的小木桌上。突然间，周围的人都围了上去，仿佛有人无声地下了指令。

我故作镇静地凑了过去，发现这些人手上都拽着花花绿绿的纸币，眼巴巴地盯着赤膊男子从袋子里取出一包包"粉"，它们是前一天晚上在加工窝点被分装好的可卡因，袋子里还混杂着棕褐色的包装，那是被切成细小块状的大麻。越来越多的人从街头巷尾冒出来，几乎都是成年男性，只有零星的几个女顾客。人群像雪球一样越滚越大，然而赤膊男子似乎习以为常，他左手握着一大把可卡因，包装袋打了两个结的开口朝上，每接过一张纸币，他就"啪"地扯出相应包数的可卡因，最顶端的一个结则断在手上。虽然一只只肤色各异的手臂互相交错着，但现场并不嘈杂，能听见塑料袋拉断时发出的清脆声响，一声接着一声，流淌出某种节奏。

这就是传说中的"烟口"，在贫民窟的黑话中，它专门指贩毒集团的毒品零售窝点。赤膊男子的同伴沉默地守在一旁，他单手握着步枪，一台对讲机系在色彩鲜艳的沙滩裤上。这个看上去20岁不到的小伙一瞧见摄像机，就立刻把帽檐压低，严实地遮住了他的眼睛，只剩下一对银色的耳钉闪闪发亮。然而更令我好奇的，其实是一拥而上的顾客，他们都是贫民窟的居民，这和我长期持有的观念有着一定的出入。我想要知道这些人是否都是可卡因的吸食者，还是会把"粉"转手出去，然而每次刚开口，对方都敏捷地躲开了。最后，一个顾客终于告诉我，他们可以把"粉"拿到外面卖，价格可以翻两到三倍，但根据贩毒集团的规定，必须在远离贫民窟的区域。

还不到半小时，"烟口"的可卡因几乎都卖完了，只剩下一堆白色的塑料结。这时，一个皮肤黝黑的中年男子慢悠悠地走了过来，他一屁股坐在墙边的椅子上，然后从口袋里掏出一把9毫米手枪和两块对讲机电池，往脚边随便一放。赤膊男子把皱巴巴的纸币全部倒在地上，然后一张张地按照金额的大小分类叠好，交给中年男子。

在里约数以千计由毒贩控制的"烟口"中，这是极其普通的一个，但足以让我们瞥见毒品交易最基本的运作模式。许多经验丰富的犯罪学专家都形象地把里约的贩毒集团比喻成商业公司，集团内部拥有各种职位，而且等级分明。权位最高的是贫民窟的首领，相当于"总裁"的角色，很大一部分首领目前都被关押在监狱中，但这并不妨碍他们从牢房里发号施令；往下一级就是"总经理"，有的也被称作"阵线"，他们是首领的心腹，负责落实贫民窟的贩毒交易，任何犯罪活动，无论是谋杀还是绑架，一概需要事先获得他们的批准。

里约的贩毒集团绝对是"经理制度"最忠实的追随者，排在"总经理"之后的是烟口的"经理"，他是毒品销售的直接责任人，需要监督卖出的毒品和盈利是否相符，杜绝一切猫腻行为，同时保证"烟口"的正常运行。这个职位通常由若干个人担任，在每月指定的日期内轮流值班。由于我们所在的贫民窟拥有好几个"烟口"，贩毒生意铺展得很广，所以这一层的职位分得更细。每个"烟口"都有一个单独的"经理"，也就是后来出现的中年男子的身份，他们对当周的"值班经理"负责。

赤膊黑人男子的职位是"蒸汽"，他们直接与顾客打交道，相当于商店里的营业员。据说这个职位最受贫民窟青年的青睐，因为从这一级开始能够根据毒品销量拿到分红，同时也有机会被提拔为"经理"。携带步枪的小伙是贩毒集团的"士兵",他们由"经理"调度,通过对讲机和担任"眼线"的人员共同维护"烟口"的安全。

"靠近点拍,没有关系。"中年男子招招手。我对他的大方有些惊讶,只见他原本面无表情的脸上浮现出一丝愉悦自豪的神色,似乎摄像机的存在让他感受到一种得到重视的满足感,这和其他人的反应有很大的区别。为了向我们炫耀,他还从包里掏出了一个双室弹鼓,麻利地套在手枪上。弹鼓是一种可拆式的大容量圆形弹匣,我之前只在"007"系列电影中看见过,像这样亲眼目睹还是第一次。弹鼓朝外的一面是透明的,可以看见圆形的弹室里密密麻麻地塞满了金色的子弹,每个弹室各有 50 发,这让 9 毫米手枪拥有类似于冲锋枪的连射威力。

他零零碎碎地向我介绍着"烟口"的规矩,例如顾客需要准备好零钱,营业时间是固定的,如果错过了,就只能去其他的"烟口"。我问他"烟口"之间是否有区别。"主要是规模不同,靠近外头的'烟口'都比较小,那些大的、东西多的都在里头。"听他这么一说,我突然觉得自己似乎站在洞穴的入口,虽然已经感受到折射出的金光,但如果要得到宝藏还要继续往前走。

我和线人表达了探访更多"烟口"的意愿。"改天吧。"他爽快地答应下来。然而我知道这不过是他的托词,如果现在不去,今后就更没有机会。我继续争取着,有一种没拍到就不走了的决心。事实上,一个出人意料的优秀影像报道很多时候取决于离拍摄对象是不是足够地近。"你总是觉得拍不够。"线人眯着眼,似笑非笑地看着我。

　　过了一会儿，几个肩上挂着步枪的年轻男子朝我们走来，然而我却一下子就注意到另外一个人，他两手空空，只在腰里别了一把手枪。根据我的观察，在贫民窟里配置长枪的一般都是"士兵"，而拿手枪的反而有可能地位更高。线人连忙上前把我介绍给他，果不其然，那人是贫民窟当周的"值班经理"。一条长过膝盖的绿色短裤，再搭配一顶绿色的鸭舌帽，光着膀子，脚上踩着一双旧拖鞋。如果在里约的街头碰到这么一个人，我绝对猜想不出他的真实身份。

　　听完线人一番解释，"值班经理"同意带我们去"里面"看看，他坐上驾驶座，又叫上一个"士兵"坐在副驾上。当我和阿力正要上车时，线人突然说他不去了，就在原地等着。"好好拍，只有这个机会了。"线人低声对我说。我把车门拉上，没有作声。就这样，我们跟随着素昧平生的毒贩向贫民窟的深处驶去，在世界上

对话毒贩

任何一本《采访指南》里，这或许都是最不被推崇的决定：我们不知道会被带去哪里，也许会被绑架，或者遭到警方或者敌对帮派的突袭。然而事实是，如果逐条考虑和评估，我也许连第一步都无法迈开。

对话毒贩

"值班经理"的脸时不时掠过窄细的内后视镜，一直笑吟吟地，看上去心情不错。他娴熟地用握着枪的那一只手操控着方向盘，右肩习惯性地微微耸起，也许是常年扛枪留下的印记。副驾上的人则一脸凶相，他把步枪立在大腿上，半支枪都露在车窗外。我们的车仿佛一只实验室的小白鼠，敏捷地穿行在贫民窟的迷宫中，只有到了略显开阔的路口，阳光才会像巴掌一样突然扇在我们的脸上。

我一路费力地和前座的两个人交谈，他们彼此聊得很开心，但

"保卫贫民窟"

在和我说话时反而惜字如金。车开上了一条宽敞的马路，远远地甚至能看见公共汽车，我以为两人会收敛地把武器藏一下，没想到"士兵"一脚踩在座位上，将大半个身子探出窗外，然后单手举起步枪，将它架在车顶，同时警惕地扫视四周。"发生什么事了吗？"我连忙问。"敌对的帮派经常埋伏在这里，所以每次经过都要小心一点。"顺着"值班经理"手指的方向，我只看见临街的商店、普通的二层民居以及一跃而起的青绿色山丘。

　　即使今天，那把在车窗外一闪而过的突击步枪依然清晰地浮现在我的脑海中，缉毒部队将它刻进徽章，毒贩视它为权力的象征，数以万计的里约人则生活在它所投射出的纵横交错的黑影中。然而当我暂时从因果难分的恶性循环中抽身，一段一段地拼凑出里约贩毒集团的发家史后，才发现这个彻底撼动巴西社会的现象并非完全源自治安上的疏忽，而更应该归咎于巴西军政府的一个政治误判。

§　§　§

早在 20 世纪 30 年代，美国就试图与巴西展开军事往来。两国的第一次合作发生在 1934 年，美国国务院看准巴西在军事现代化进程上的壮志雄心，向巴西科技学院派出一支小规模的美国军官代表团，教授军事化工应用课程。虽然当时巴西与法西斯德国通过一份份高额军事订单越走越近，但它还是为后来美国与巴西之间长期的军事交流开创了模式。

二战爆发后，摇摆不定的巴西最终"弃德投美"，允许美国在距离非洲大陆只有 2200 公里的巴西东北部城市纳塔尔建立军事基地，以此支援奋战在非洲战场上的英军。1942 年，美巴两国正式签署协议，确保美国对巴西的全面军事支持，其中包括士兵培训、物资供给和人员交流，代表巴西参加二战的巴西远征军在前往意大利战场前，就接受了美军的完整训练。即使二战结束，巴西军官前往美国学习的交流机制也没有被喊停，并且衍变为巴西军队的保留项目。

二战后的美国弥漫着浓浓的冷战思维，有着"留美"经历的一代巴西军官深受影响，他们不仅仿照华盛顿的国家战争学院在里约的面包山脚下建立了高等战争学院，并且不断地鼓吹"国家安全说"，他们坚称一旦国家安全受到任何形式的威胁，包括通货膨胀、大罢工或者骚乱，军队将有权对民选政府进行军事干预。

1962 年 10 月，位于美国后院的加勒比地区发生了震惊世界的古巴导弹危机，美国中央情报局随后发布机密文件，称古巴革命领导人菲德尔·卡斯特罗计划向拉美地区传播共产主义。根据美国政府近年来解密的档案文件显示，巴西的危险系数最高，因为"共产主义已经渗透进巴西的政府高层"。

这里的政府高层指的是时任巴西总统的若昂·古拉特。古拉特一直在民众间拥有很高的声望，1955 年他被选为副总统，但获得的票数比总统库比契克还要多，因为当时总统和副总统的职位是分开竞选的。古拉特对中国非常友好，当他任职副总统时就访问过中国，还会见了周恩来总理。在 1961 年 9 月"转正"后，古拉特宣布与苏联恢复外交关系，并联合厄瓜多尔、玻利维亚等国向联合国提交了一份建立拉美无核区的决议草案。

更让极右分子和右翼军人集团受不了的是，古拉特积极推行一项名为"基础改革"的系列改革措施，目标是在短时间内消除社会的不平等。例如在土地改革方面，政府征收大量未开发或者闲置的土地供无地农民使用；在财政改革方面，古拉特颁布法令限制外资利润的外流。国内的大庄园主和外国公司自然又惊又恐，这个左翼总统上任不过一个月，就将很多前任在整个任期内做的事都完成了，他们担心巴西很快就会变成一个"热带中国"，于是在美国中情局的帮助下发动了政变，在 1964 年将古拉特赶下台，开始了长达 20 多年的军事独裁。

在军政府前期，由于施行有效的财政紧缩措施，再加上开放的对外经贸政策，巴西在 1968 年至 1973 年间迎来了"经济奇迹"

时期，年均经济增长率甚至创下过 14% 的历史纪录。然而，这段难以复制的经济黄金期又被称为"铅弹之年"，因为它是对反对派的镇压最为暴力残酷的时期。与此同时，财富始终掌握在极少数人手中，社会中的贫富差距和不平等现象日益严重。在这样的时代背景下，许多学生和青年知识分子认为当时的大多数反对党过于温和，于是纷纷拿起武器打起了城市游击战，各种左翼激进组织相继出现，包括"国家自由联盟""十月八日革命运动""人民革命先锋"等。

"十月八日革命运动"是其中规模最大的一支城市游击队，它由巴西共产党的一些成员组成，之所以取这个名字是为了纪念切·格瓦拉在玻利维亚被捕的日期：1967 年 10 月 8 日。在他们策划执行的反政府行动中，最惊世骇俗的要算绑架时任美国驻巴西大使查尔斯·埃布里克，以迫使当局释放政治犯。这个真实的历史事件后来被拍成电影《九月的某四天》，获得 1998 年奥斯卡最佳外语片奖提名。

在所有的游击队员中，日后最有名望的是一个代号为"星星"的女学生，她就是后来成为巴西总统的迪尔玛·罗塞夫。根据战友的回忆，当时属于极左地下组织"棕榈武装革命先锋"的罗塞夫熟练使用武器，擅长通过游击战的方式对抗军政府的警察。1970 年 1 月，罗塞夫不幸被捕，在经过连续 22 天的严刑拷打后被判处六年监禁。

为了获得行动资金，这些城市游击队抢劫银行和腐败的政治家，在当时的金融中心里约，金额巨大的劫案和袭警事件屡屡发生。为了加大镇压力度，军政府在 1969 年对原有的"国家安全法"

进行修改，制定了"第二十七条"。这则著名的补充条例加重对"抢劫，盗窃，破坏金融信用机构"等犯罪行为的刑罚，将这几类原本应该通过刑事诉讼法进行判处的案件都转交军事法庭，因此许多罪行轻微的囚犯纷纷坐上了大牢。然而讽刺的是，这并没有给社会治安带来积极的贡献，小偷小摸们从资深的牢友身上学到了丰富的犯罪技能，一个个进修成"江洋大盗"，在出狱后成为更严重的安全隐患，所以巴西人常常把监狱形容为犯罪的学校。

在里约所有人满为患的监狱中，警戒级别最高、条件最恶劣的是坐落在格兰德岛上的坎迪多·门德斯监狱。格兰德岛位于里约州南岸，是巴西第五大海岛，自从 1886 年巴西末代皇帝佩德罗二世下令开发以来，它就一直和"监狱"脱离不了干系。岛上第一座监狱建于 19 世纪末巴西共和国成立初期，当时所有从欧洲和非洲出发的船只在抵达里约前都需要在这里接受卫生检查，凡是患有伤寒

巴西的监狱

等严重传染病的旅客都会被隔离关押在岛上。20 世纪 20 年代，这里则专门用来囚禁年长或者刑期将尽的犯人，到了 30 年代，瓦加斯政府开始在这里关押政治犯。

格兰德岛风景迷人，拥有超过 100 处雪白的沙滩，然而监狱的存在如同波斯地毯上的一块污渍，甚至给它挂上了一个"魔鬼锅"的污名。这是因为监狱的条件极其恶劣，原本只能容纳 540 人的空间硬生生地塞进了将近 1300 人，而且沿海常有鲨鱼出没，据说只有位于法属圭亚那臭名昭著的"恶魔岛"才能与之相"媲美"，军政府于是把里约最凶残危险的歹徒都关在这里，以表示对他们额外的惩罚。

坎迪多·门德斯监狱由 A、B、C、D 四个监区组成，当时监狱内的犯人以街区为标准组成了好几个帮派，例如来自里约南区的犯人组成了"南区帮派"，来自北区的组成了"鳄鱼帮派"。每个监区内都有一个至两个帮派的成员，帮派间冲突不断。然而监区 B 是一个特例，那里关押着 120 名因违反"国家安全法"而入狱的囚犯，其中 90 人是犯下杀人、抢劫、绑架等罪行的刑事犯，30 人是因从事反政府活动被捕的政治犯。这个监区与外界相对隔离，犯人很少有机会到露天的院子里放风，于是监区 B 便有了"深坑"的绰号。

一开始，政治犯拒绝和刑事犯产生联系，表面看以为是"精英思维"作祟，但实际上是为了保持身份的特殊性，以争取赦免的机会。当时"深坑"内有一面带有铁门的砖墙，两个群体就各自待在墙两侧的牢房里。狱方对于这个局面窃喜不已，他们认为骄傲的政治犯很快就会被这群丧心病狂的歹徒消灭干净。然而有趣的是，刑事犯渐渐地对狱友们产生了崇拜之情，在他们眼中，这些绑架高官、与军警斗智斗勇的游击队员都是"犯罪大师"。每当一个政治犯绘声绘色地讲述自己如何精心组织一起银行劫案时，其他的刑事犯总会听得津津有味。

巴西监狱允许亲人和律师探监，政治犯于是通过他们获得外界的信息和资料，同时将监狱内的情况传递出去，这种如今在贩毒集团内部十分普遍的信息传递方式就是在那个时候开始的。许多介绍游击战略思想的禁书也接连不断地流入监狱，例如澳大利亚战地记者威尔弗雷德·贝却迪描写越战的《探秘游击战》以及切·格瓦拉发表的《游击战争》，这些书籍很快成为监狱内的热门读物。

在"深坑"的刑事犯中，有 8 个人平时和政治犯走得最近，在监区内的威望也最高，1974 年，他们在牢中组建了一个新的帮派，并且立下规定："深坑"内的狱友必须互相尊重，一致对外。这个帮派就是"红色司令部"的雏形，根据多位犯人出狱后的证词，左翼政治犯没有直接帮助和参与帮派的组建，但却是长期共处、潜移默化的结果，因此大家开始称它为"红色帮派"。

1975 年的巴西处于军政府统治的后期，民间要求赦免政治犯的呼声越来越高，"深坑"里的政治犯成功借助绝食抗议陆续被遣送回里约。人员变动没有削减"红色帮派"的实力，相反地，他们毫不吝啬地使用从政治犯身上学到的方法武装自己，包括组织非暴力抗议要求狱方改善条件，通过探亲的家属向外界公开狱警虐囚的证据，以此争取到与里约州司法部代表当面谈判的机会。直到这个时候，当局才开始意识到把政治犯和刑事犯关押在一起是一个弊大于利的做法。

其实，巴西历史上一直都有混合关押的传统。1917 年俄国十月革命爆发，极大触动了位于里约、累西腓、圣保罗的工会组织，因为当时大多数工会领袖都是深受无政府主义影响的欧洲移民，他们误解了布尔什维克的根本性质，纷纷以推翻国家为由在巴西国内组织暴力示威和大规模罢工，许多激进分子因此入狱，关押在普通监狱里。1935 年，巴西的左翼军官发动"红色起义"，试图推翻带有法西斯倾向的瓦加斯政府，政变失败后他们也被送进了刑事犯的牢房。在 20 世纪 30 年代末的"新国家"时期，瓦加斯政府加大对异己分子的镇压，一时间普通监狱中挤满了政治犯。

1979 年 8 月，刚上任几个月的总统若昂·菲格雷多将军正式签署"大赦法"，赦免 1961—1978 年的"政治犯或相关的罪行犯"。然而"深坑"中的刑事犯当年都是依据"国家安全法"入狱的，勉强也符合赦免的条件。为了防患于未然，狱方下令将"深坑"解禁，犯人可以出入放风场和其他的监区，以此淡化这批犯人的背景。在消除了空间上的阻隔后，"红色帮派"不断扩大组织，核心领导从原来的 8 人上升至 30 多人，直接效忠的犯人将近百人，并且渗透进每一个监区。他们甚至组建了一支足球队，取名为"十字架上的哭泣"，虽然踢得一般，但却为"红色帮派"培养了一批忠实的球迷。

在"红色帮派"建立的一系列制度中，最具先锋性的是"内部文娱中心"。犯人可以从他们那里赊买生活物资，包括香烟、甘蔗酒，甚至大麻。如果是"红色帮派"的成员还有专门的政策，当他们有钱的时候，可以自愿地将钱存到帮派的一个小金库里，等到积蓄全无时，就可以免费拿东西。这个政策非常受欢迎，其他监区的人纷纷报名加入，一段时间后，甚至连监狱外的犯罪团伙也未雨绸缪地抢着交钱，因为一旦入狱，也可以在牢房里衣食无忧。即使是上了年纪、没有家属资助的犯人也可以参加，唯一的条件是替帮派顶罪，这种交换其实并没有想象中的残忍，因为这些身陷囹圄的犯人反倒可以借助庭审的机会出去透透风，说不定还能趁机逃跑。

"红色帮派"的崛起严重威胁到监狱内其他帮派的利益，随着冲突的不断升级，这口"魔鬼锅"处于随时可能爆炸的状态。终于，在 1979 年 9 月的一个清晨，上百名"红色帮派"的成员闯进了监区 C，乱刀砍死了"鳄鱼帮派"的头目和心腹，这是巴西历史上最血腥的监狱暴动之一。监狱长立刻向上级书面汇报了这起恶性骚乱事件，为了引起当局的重视，他特意给"红色帮派"起了一个更具有战争色彩的名字"红色司令部"，并且预言它将发展成一个能够控制里约所有监狱的强大组织。

"红色司令部"随着骚乱的新闻第一次出现在媒体上，然而里约州军警并没有太把它当回事，只是下令将肇事的犯人分散到里约各地的监狱中。这个决定是致命的，不但没有遏制"红色司令部"的发展，反而将它的种子吹进了更多蠢蠢欲动的牢房中。没过多久，里约几乎所有的监狱都出现了为"红色司令部"效忠的囚犯。

1980 年 1 月，"红色司令部"的几十名主力相继越狱，一逃回里约，他们就重操旧业，干起了抢银行的老本行。除了手艺更加娴熟外，他们还使用一套新的词汇来美化自己的行为，称"黑帮"为

可卡因是拉美毒品市场中最主要的商品

"社团"，用"征用"取代"盗抢"。为了招募贫民窟里的青年和出狱的犯人，"红色司令部"还书面总结出《优秀歹徒的十二准则》，包括"不要相信任何人""随身携带武器""保持外观整洁""少用俚语""抢一百和抢一亿的结果是一样的"等。大家都纷纷以此为指南，在作案前换上西装和锃亮的皮鞋。

然而随着安保监控技术的飞速发展，抢银行的风险越来越大，"红色司令部"开始转向另一个更安全也更暴利的行当：贩毒。早在 20 世纪 70 年代初，巴西就已经染指毒品交易，当时意大利黑手党和法国科西嘉犯罪集团在经过多年的冲突后达成协议，他们以巴西为中转地，联合向纽约走私海洛因。到了 20 世纪 80 年代，以巴勃罗·埃斯科瓦尔为代表的"银三角"毒枭横空出世，他们借助迪斯科文化的兴起在迈阿密大挣一笔后，开始觊觎起更广阔的欧洲市场，而里约作为大西洋西岸最重要的港口城市自然成为"货物"的必经之地。

最开始，"红色司令部"主要负责后勤工作，协助毒品的藏匿和运输，精明的哥伦比亚人则以可卡因作为酬劳。"红色司令部"很快就意识到手中的"白色金子"在家门口就能价格翻倍，根本无须远渡重洋。果不其然，当可卡因在本地市场出现时，对感官享受颇有天赋的巴西人很快就迷恋上它。与西欧黑帮不同的是，麦德林和卡利的贩毒集团更愿意与巴西建立"合伙人"关系，于是这种供销关系逐渐成型。

"烟口"这个词就是在那时候诞生，大大小小的毒品销售窝点如雨后春笋般出现在里约的贫民窟中。为了收买人心，转型成功的"红色司令部"用贩毒挣来的钱资助贫困的居民，甚至赞助桑巴舞

随毒贩前往毒品加工窝点

学校和政治竞选。根据 1990 年巴西媒体的调查，当时全里约 90%的贫民窟都是"红色司令部"的势力范围。

如同显微镜下的细胞处于不断分裂的状态，"红色司令部"也不例外。1994 年，一部分意见不合的毒贩选择"退群"，他们和一群退役军警组成了"第三司令部"，这个崭新的贩毒集团占据了里约北区和西区的贫民窟，和老东家抢起同一碗羹。2002 年，"红色司令部"策划了一起监狱暴动，在牢房内处决了"第三司令部"的几个首领，幸免于难的帮派成员重整旗鼓，在同一年成立了如今是里约第二大贩毒集团的"纯第三司令部"。

§ § §

"'纯第三司令部'的战斗力是最强的。"驾驶座上的"值班经理"朝我晃了晃手上的枪，神情飞扬地说起 15 岁那年分到的第一把武器，但小心翼翼地绕过了在那之前把风放哨的基层角色。两边的街道再次变窄，探出车窗的步枪好几次都差点划到乘凉聊天的人群。一辆摩托车挡在巷口，趁着车主挪位的空当，旁边的人都围了上来，乐呵呵地拿我们开玩笑，我只好也用微笑来掩饰自己的尴尬。

车刚过拐角，一个人声鼎沸的"烟口"就突然显现在我们眼前，只见一群人围聚在一个小棚下，中间搁着两张桌子，几个高大黝黑的毒贩正忙着收钱发货。虽然人来人往，当桌前的顾客并没有减少，反而还排起了队，如果匆匆一瞥，还以为是工厂的招工会。一下车，"值班经理"就立刻扎了进去，似乎急着要知道今天的销量。

这里的"粉"果然比外头来得齐全，除了5雷亚尔一包的基本款外，还有各种不同剂量和纯度的包装。单价最高的可卡因装在一种半截拇指大小的透明塑料罐里，粉末略微偏黄，我想起毒贩曾经告诉过我，肉眼判断可卡因纯度的方法就是看它的颜色，颜色越白，纯度反而越低，因为掺杂进大量的杂质和化学替代品。

站在中间的毒贩穿着一件褪色的短裤，一把手枪在腰间挣扎，他一看见摄像机，不但没有躲闪，反而从桌上捞起一大把细长包装的可卡因递到镜头前。"看吧，要多少有多少。"他非常得意，露出一排整齐的牙齿。或许是觉得我不为所动，他于是又抽出一个带喷

探访贩毒集团的毒品销售窝点

头的玻璃瓶，剥去瓶身上的旧报纸，里面是透明无色的液体。"我们还有'香飘魂'，保准你用了一次后天天都想用。"他语气夸张，然而神态却是严肃的，仿佛顾客就坐在镜头的另一头。"香飘魂"是一种以氯乙烷为主要成分的致幻剂，在巴西的受欢迎程度超过LSD和摇头丸。

对面的院子里突然传出贫民窟流行的放克音乐，尖锐杂乱的电音旋律如同粗壮的雨点，劈头盖脸地浇了下来。我担心过高的背景声会遮盖住采访的声音，连忙转身对拍摄中的阿力指了指夹在胸口的麦克风，等我再回头，看见站在最边上的毒贩正随着音乐扭动着身体。我觉得他十分面熟，后来才意识到他长着一副影视作品中典型的毒贩形象：平头，小眼睛，嘴唇又黑又厚，胡须像是一把刷子。除了手腕上一块硕大的银表外，每根手指上都套着花哨的戒指，含义晦涩的文身从手肘一路爬到了肩膀。我一时分不清他和警匪片演员之间，到底是谁在模仿谁。

他很快感觉到我的注视，反而跳得更带劲了，手中的枪跟着节奏一上一下，仿佛是一个道具。"你们为什么会有枪呢？"我故意问他。"枪是为警察和'阿莱曼'准备的。"他回答。"阿莱曼"的意思是德国人，但在毒贩的俚语中专指一切敌对的帮派。关于这个用法的起源没有定论，有人说这是因为最早的一批德国移民常常以警察为职业，也有人认为它和二战时的反法西斯口号有关。"警察也会来这里吗？"我作出吃惊的样子。"他们来了就等着吃枪子吧。"在场的人都笑了。

我多么想把眼前的场景像制作琥珀一样保存下来，然而"值班经理"已经开始催促我们离开。我往后退了好几步，才终于从眼花缭乱的细节中抽身，"烟口"还原成一个整体。小棚搭建在一扇印有花体祷告词的白墙边，棚顶是一块波浪形的白色铁皮，用六根粗细相同的木杆撑着，一盏灯泡发出微亮的灯光，也许是从昨天夜里一直亮到现在。即使再存心大意的缉毒警察也能看出这个场所的真正用途，然而它以及数以千计的"烟口"能够如此前仆后继地存留下来，应该是有更复杂的理由。

不时有年轻的"士兵"从附近经过，正赶去执行新的任务，他们肩上的步枪总让我想起蚂蚁的黑色触角。"你这把枪很贵吧？"我故作随意地拦下其中一个。"这是 AR-15 突击步枪，要两三万雷亚尔一把。"他脱口而出，浑浊的眼睛闪过一丝光，看我要继续往下问，便向旁边的同伴又借了一把步枪，径直挂在胸前。"你担心这里建维和警察所吗？"我问他。"生意肯定会受影响，不能这么明着卖。"他回答道，过了几秒后，仿佛又想起了什么，"我们要保卫贫民窟。"

盛夏的里约拥有漫长的黄昏，但只要过了某一刻，天就刷地暗了下来，一点余地也没有。我想起这一路见到的人和事，于是问他："你害怕死亡吗？"他笑了，"如果我害怕就不会选择这种生活，只看到今天，不去想明天。"然而我并不相信他的话，这个世界上并没有不怕死的人，只不过我们都坚信自己是唯一的那个幸运儿。

他捋了捋枪带，很快就消失在贫民窟的深巷中。

策划编辑：刘敬文

责任编辑：王新明

装帧设计：王欢欢

责任校对：吕　飞

图书在版编目（CIP）数据

陆上行舟：一个中国记者的拉美毒品调查／刘骁骞　著．—北京：
　人民出版社，2020.11

ISBN 978 - 7 - 01 - 022421 - 3

I.①陆…　II.①刘…　III.①禁毒 - 研究 - 巴西　IV.① D777.788

中国版本图书馆 CIP 数据核字（2020）第 160535 号

陆上行舟

LUSHANGXINGZHOU

—— 一个中国记者的拉美毒品调查

刘骁骞　著

人民出版社 出版发行

（100706　北京市东城区隆福寺街 99 号）

中煤（北京）印务有限公司印刷　新华书店经销

2020 年 11 月第 1 版　2020 年 11 月北京第 1 次印刷

开本：710 毫米 × 1000 毫米 1/16　印张：14

字数：156 千字

ISBN 978 - 7 - 01 - 022421 - 3　定价：45.00 元

邮购地址 100706　北京市东城区隆福寺街 99 号

人民东方图书销售中心　电话：（010）65250042　65289539